This wordsearch workbook

Belongs to:

_____

© 2021 Newbee Publication

ALL RIGHTS RESERVED

This book may not be reproduced or transmitted in any form or by any means, electronic or mechanical, without written permission from the author.

Thanks for Purchase
Scan QR code for more publications

How to use this workbook

This book is designed for children who get confused with similar-sounding or complicated words.

- Parents must help their children to understand the meaning of words. Meanings are given under the words, but some have two meanings, so both are given(or); Some children might get confused with different purposes of using the same word. Try to explain them with an example.
- Synonyms and antonyms are going to help them to understand words more clearly and different uses of words.
- Motivate your children to highlight the antonyms(for a hint ☆ sign is given).
- Try to convince children to make sentences with these words; this will improve their understanding and different use of words.

Accommodate
To make or have room for

```
W Q C B A H P R N Q L S J P S V
X W E L C O M E N S O Z K W O I
G J W M S A V T T I M I L E K D
U H E W V I J L J F A U H B W I
C B A N E R R E N T P T E M E S
K T T C Z Y Q H Q D E N N C B A
M H E J F S V S G R I H O O T R
Z R B Y W U L F C E W K K N C R
U S Y T I P H R K P A E L Z G A
X P N E G P E A H A R B O R H Y
S S S J C L T S V J J D L O H N
L X A E L Y O C U H S I N R U F
F Q K A T W D Z A O A X X Q H G
V A Y A W A N R U T H I V Z N R
O B S T R U C T N E V E R P H H
W L N W J E N T E R T A I N F K
```

- CONTAIN
- ENTERTAIN
- HARBOR
- HOUSE
- OBSTRUCT ✦
- RECEIVE
- SHELTER
- SUPPLY
- TURN AWAY
- WELCOME

- DISARRAY ✦
- FURNISH
- HOLD
- LIMIT ✦
- PREVENT ✦
- RENT
- SKEW ✦
- TAKE IN
- UPSET ✦

Aggressive

Having or showing a bold forcefulness in the pursuit of a goal

```
V A C A L M E A S Y G O I N G Y
R U C O M B A T I V E F E J O J
D A T W H R X E P L E A S A N T
E G Z Z E M O S L E R R A U Q S
U V S E S C L S T T F Q Y Q X U
G E I Y V V F K K X N L F X L O
N O V T E I U Q U A D E L Y B I
I F H I C Y T T Q N P E G K W T
K F G V S U Z P E L A I N E G N
C E R G Z U R I U O H T W X A E
A N A X Q H R T C R J Z O A A T
T S C Q V F W T S V S K D O I N
T I I I U J C Z N E Q I X D J O
A V O Y W I F S B I D L D S C C
B E U A G N I N E T A E R H T L
X K S Y A D V A N C I N G L M J
```

ADVANCING
CALM
CONTENTIOUS
DISRUPTIVE
FRIENDLY ✦
GENTLE ✦
INTRUSIVE
PLEASANT ✦
QUIET ✦

ATTACKING
COMBATIVE
DESTRUCTIVE
EASYGOING ✦
GENIAL ✦
GRACIOUS ✦
OFFENSIVE
QUARRELSOME
THREATENING

Accept
To agree to receive whether willingly or reluctantly

```
T I S Y Q W E L C O M E B U A F
I M R E F U S E E T A R E L O T
T I F V A B Z B I D E C L I N E
P A O Z D D R J K Q L Z B G I Y
I L S W A Y A O L Q C H E T A T
D C P Y Y V N T O E M B R A C E
Q C U M B Y A C V K E N J O Y W
U A R I W S B E S E R E X V S O
M Y N L Q R I J A I R E E U Q L
R V V P A A D E L Y O T N E D L
E S V Q O A E R H T O N D K X A
N I A T S U S L M Y P G E I J W
O V Y K V E R U D N E O Z L R S
K P C K K Y N E D H B P D P J Y
D N A T S T U G K B U X W A E N
H W J P Y T N E S N O C Z A F A
```

ABIDE
ADOPT
CONSENT
DENY ⭐
ENDURE
LIKE
REJECT ⭐
STAND
SWALLOW
VETO ⭐

ACCLAIM
BROOK
DECLINE ⭐
EMBRACE
ENJOY
REFUSE ⭐
SPURN ⭐
SUSTAIN
TOLERATE
WELCOME

Awkward

Lacking social grace and assurance

```
O E U N C O M F O R T A B L E I
U R N I L Q Z V X E N K G Q C L
N D L Q U Z E Q K C D N D S A F
E L G S M S K O E C R L E S L D
A T U H S R L R C H W J N E M E
S R S F Y N U U V T F S E L C S
Y A I J E C N K F N N B R E O O
S N C N E C L M C E B R E C L P
Z Q O S E G A O P A C G S A L M
W U M Q E L O R P Z G A B R E O
E I P N R L E O G I G B R G C C
U L O S J X I G K N R A G T S
J H S J P S B G A E U Q U N E I
H W E J E X B V X N K C H C D D
R D D D V Q Q A B X T W W N H H
M C O N F I D E N T F F V Q Q E
```

CALM ✦
COLLECTED ✦
CONFIDENT ✦
DISCOMPOSED
GRACEFUL ✦
INELEGANT
SECURE
TRANQUIL
UNEASY

CLUMSY
COMPOSED
COOL ✦
GAUCHE
GRACELESS
POISED ✦
SERENE ✦
UNCOMFORTABLE
UNGRACEFUL

Ancient

Surviving from the distant past

```
J U F E N Y B O W T N E R R U C
K O D N C P N R E D O M T A T C
K M M E C Z H H S Y I I D N I O
F V E T N P S U P Y M Z E O L N
L S D E A O E N T E Q C U V F T
Y O I L C T R O L X E F K E U E
A D E O N N F E C R C J C R S M
D E V S H Z S L Y N I S Y Y T P
T D A B M S A L Z O B F D I Y O
N O L O A S Z A U D U D W E N R
E M A T S R V T W D Z T A X S A
S T A I E C G E O M A U H E X R
E U C T P B O S W Q Y T W F C Y
R O R U E N Y T T N A I E L U R
P O T I M E T E S T E D W D T L
M F T L A N O I T I D A R T T I
```

CLASSIC
CURRENT ★
FRESH ★
LATEST ★
MODERN ★
OBSOLETE
PRESENT-DAY ★
RETRO
TIMELESS
YOUTHFUL ★

CONTEMPORARY
DATED
FUSTY
MEDIEVAL
NEW ★
OUTMODED
RECENT ★
TIME-TESTED
TRADITIONAL

Amateur
Lacking or showing a lack of expert skill

```
F P X U N Q U A L I F I E D D I
D R D D D N J T E S B C J N D D
E O E E E X P E R T D N M E E E
C F I H R W X T Z E V H R V D T
N I F S B B K O R E U A I Q S N
E C I I G I J A R N P T D O P E
I I L L F H P S T E I T K E G L
R E A O E E E A R M N H O D L A
E N U P R D U P I A E Y B H M T
P T Q P Y G N R I E P N M F C U
X J V G H U P V J V T E L D S R
E E P T P I E I N E X P E R T M
D E N I A R T K V O W Z W W K J
J H X L I Q E L U F L L I K S W
C W H H Q H U N S K I L L E D C
Y E U M T J U N T R A I N E D Y
```

EXPERIENCED ⭐
EXPERT ⭐
INEXPERT
NAIVE
POLISHED ⭐
PREPARED ⭐
PRIMITIVE
PROFICIENT ⭐
QUALIFIED ⭐
SKILLFUL ⭐
TALENTED ⭐
TRAINED ⭐
UNPREPARED
UNQUALIFIED
UNSKILLED
UNTAUGHT
UNTRAINED
VERSED ⭐

Bargain
Something bought or offered for sale at a desirable price

```
Q N G T N E M E L T T E S C H M
E A C C O R D E I C L S L X K Z
D O A I W M I S O J L U S S O H
X V L G U C S M G N F R O P Q C
L O Z A M Z P C G Y F C A O Y G
Q V M H E A O O O R O H K M S J
P E A N C D S N U U P A I J J O
C R R T T S I T G X I R N Q O C
O C K B X L T R I U R G G B L M
V H U Q J X I A N L K E F F U O
E A P H R N O C G X R S T G L Y
N R R L G G N T N K N E Y D S V
A G N H B P U G U I O K C S A C
N E S C O N Y K P V L A E D C U
T L S Q Q T N E M E E R G A Z H
V R U T L X K A C D I F F E R W
```

ACCORD
BUY
CONTRACT
DEAL
DISPOSITION
LUXURY
OVERCHARGE ⭐
SETTLEMENT
SOAKING ⭐

AGREEMENT
COMPACT
COVENANT
DIFFER ⭐
GOUGING ⭐
MARKUP ⭐
RIP-OFF ⭐
SNIP
SURCHARGE ⭐

Bruised
Having bruise or bruises

```
R C S I R Y E C D B Q F T M R T
N D C B C D N R E D P N I R H N
O A M V H E X A U P N Z A N Y O
I B A I C I T D W C D U U Y D I
S R E J N H C C E E D D O W J T
A A Q B R X M K N Z N F P W Z A
R S D G E E V W E E C X M W H R
B I I D H R T E M Y B O U G C O
A O A R D V H A R E B Y B V T L
P N L C I S W E R U P I M Z A O
H I K U O A H Y L O C A B R R C
Q L M Y M T P G R P C M R H C S
G P I J N P B E C G N E T C S I
F G R P F F I X R W K F D K S D
X J H H E A L W C G C J F B B N
M E Y J C O M P L I M E N T K Z
```

ABRASION
BEAT
COMPLIMENT
DECORATE ⭐
FIX ⭐
HELP ⭐
LUMP
REPAIR ⭐
SCRATCH

AID ⭐
BUMP
CURE ⭐
DISCOLORATION
HEAL
HICKEY
MEND ⭐
SCRAPE
WOUND

Condense

To become smaller in size or volume, make denser and more concentrated

```
F U W H C T E R T S T U O E J B
T C H I B J A T F S H R I N K U
R O K S S E R P M O C K E A Y A
D N B Y Y E C O N T R A C T F C
E S E O I S A F Q U R O D S M U
C T T D N A P X E F D E J Y E O
R R A S B E E X P A N D B T N C
E I L W H R C R R J H D A L O O
A C F Z O C I E T K W L G I O L
S T E W D N E H V C F Z K W L L
E L D D J I P T P N Z F K F L A
G D X M C G C I I V F J V J A P
V F I M A F N W P S C G P F B S
W O R G B A C C U M U L A T E E
A X L E V I R H S Z R K A S F M
L C Y C D I M I N I S H O P E N
```

ACCUMULATE ☆
COLLAPSE
CONSTRICT
DECREASE
DIMINISH
GROW ☆
INFLATE ☆
OUTSTRETCH ☆
SHRIVEL
WITHER

BALLOON ☆
COMPRESS
CONTRACT
DEFLATE
EXPAND ☆
INCREASE ☆
OPEN ☆
SHRINK
WILT

Condescend
To descend to a level that is beneath one's dignity

```
R C S A N L T Y K A P S B N G G
A V I D I K F D U A J C T A E D
P E X G I A I H M N C O D E C I
J C D T R S Q V R I K R A M A S
X W C C D Y A U E X G N J E R C
D S H A M E P L H T S W V D G R
Q L I R Q S E T L U O O Y G S E
V N O M I E X T B O M S K D I D
H O N H C S D T A N W B E O D I
O F E F H E E T I J V L D U T
N A P S J T S A G Z L L W E L S
I L C E A Y I A B R R I S E W C
D L G Y D B J W B O A N M L Z S
R E W O L K E U K A V D C U B D
D B B B L P G D U S C E E C H A
H R E S I S T W D I S H O N O R
```

ABASE
DEGRADE
DISALLOW
DISDAIN ✩
DISHONOR
HUMILIATE
RESIST ✩
RISE ABOVE ✩
SHAME
VETO ✩

DEBASE
DEMEAN
DISCREDIT
DISGRACE
HUMBLE
LOWER
RISE ✩
SCORN ✩
SPURN ✩
WITHHOLD ✩

Conscience
One's internal sense of right and wrong

```
L Y V H S C E N G L Q L S R S U
P Y T J E Z H L G J V V M S N T
R J T I P C O A P D A T E I J R
I B T Y L M I Y R E H U U B W Y
N D R S L A R O M A L W R O N G
C I I Q F E R Z V A C E M E P Y
I S H Q T U F O V L O T X T S T
P G I T P Q D B M T L U E U D S
L R U N M S S M E M I A B R R E
E A S R D O V C P Y I E M G A N
S C M C K E R P R G K G B S D O
J E F T I J C A B U M I L H N H
W D J O V H V E L M P O I W A S
S N F A P X T Y N I C L V V T I
Y M C H M B I E T C T Z E U S D
E O C R Q N Y G C W Y Y C S Q H
```

CHARACTER
DISHONESTY ⭐
EVIL ⭐
INDECENCY ⭐
MORALS
SCRUPLES
SQUEAM
VALUES

DISGRACE ⭐
ETHICS
IMMORALITY ⭐
MORALITY
PRINCIPLES
SMALL VOICE
STANDARDS
WRONG ⭐

Conscious

Having specified facts or feelings actively impressed on the mind

```
C S U N C O N S C I O U S V Q O
V D J T E L M A L E O D H A X G
T Y B G R I U J R Z O L H T E Y
Q D M L N T S A V D O U E T O D
S B B D I R W N B V N F R E B N
D B F O Z E R T P S H D A N L C
F U U U U N A W A R E N W T I O
L S B N E X L G B K K I A I V G
P U B W J L W U N C R M C V I N
L U E A U O B I F I G N I E O I
H X M R U S L I T E T U M U U Z
F G R Y F V O A S T R T L Y S A
M P P Z O I L D U N I A I D P N
I P W Q R E F B O C E N C W V T
C X L T R V A T J W D S G V N J
A W T T G G N I T T I W N U Y U
```

ALERT
AWARE
CAUTIOUS
MINDFUL
SENSIBLE
UNCONSCIOUS ⭐
UNWARY ⭐
WARE

ATTENTIVE
CAREFUL
COGNIZANT
OBLIVIOUS ⭐
UNAWARE ⭐
UNMINDFUL ⭐
UNWITTING ⭐
WITTING

Controversy

An often noisy or angry expression of differing opinions

```
F D W Q P U H K H L N J J C W N
N D R E S Y H C Q A P F S O G K
A N A O S J K I R P S J R N C I
O H R X C S B P E U M S Y T A C
C N A R P N Z N K V B Q L R R K
R J C J E T O O C E E T L E G U
S S C D A N Z C I F H P W T U P
U V E I C E A K B G P R A E M Q
S K P S E M K C I Q Z F R M E Z
N Y T P Z E W F C W U V B P N R
E N A U S E N W R O T A H S T R
S O N T Y R O U X B R H R N C J
N M C E Q G G O H U G D P R T T
O R E H K A P D S E D Q V N E P
C A Y T I M I N A N U Z B O Y L
Y H O C O M P L I A N C E V B R
```

ACCEPTANCE ⭐
AGREEMENT ⭐
BICKER
COMPLIANCE ⭐
CONSENSUS ⭐
DISPUTE
HARMONY ⭐
KICKUP
QUARREL

ACCORD ⭐
ARGUMENT
BRAWL
CONCORD ⭐
CONTRETEMPS
FIGHT
HASSLE
PEACE ⭐
UNANIMITY ⭐

Convenience

Something that adds to one's ease of living

```
M T S D N O I T C I R T S E R K
V D Y A P E C N A T S I S S A J
O O X T S E R V I C E H P I H B
B S A T I S F A C T I O N Z M B
S C E Y I L A D V A N T A G E P
T Y D L P E I J I G G L W X M H
R N K R E B R C E Q Z D P O T X
U C E A C G A U A E N C X K D X
C P S M R B T M S F J E M N Q Q
T G B Z I R E A E A E T D O D T
I E F H O D E N T N E I H R O N
O P M F C Y E V E B I L L Z U X
N A M J B A C P E F H T P E G B
Q O T O M O N P M P I R Y C R B
C E K L O X P K G I S T F C B J
P D E C N A I L P P A A D X Q P
```

- ADVANTAGE
- APPLIANCE
- BENEFIT
- COMFORT
- FACILITY
- OBSTRUCTION ☆
- RELIEF
- SATISFACTION
- AMENITY
- ASSISTANCE
- BURDEN ☆
- EASE
- IMPEDIMENT ☆
- PLEASURE
- RESTRICTION ☆
- SERVICE

Correspond

To engage in an exchange of written messages

D	E	R	K	U	P	R	L	Q	D	T	B	U	P	G	X
N	Q	H	G	G	E	B	M	B	C	T	F	X	E	A	V
T	S	Z	D	W	D	E	K	I	F	T	C	H	H	W	L
C	U	A	S	H	F	P	L	D	E	M	P	F	B	I	L
I	H	N	L	K	E	F	V	L	T	O	R	W	A	D	I
D	A	S	D	I	N	E	E	Y	S	W	U	M	Y	I	A
A	D	W	N	O	A	G	R	T	H	M	R	N	U	P	M
R	I	E	C	J	R	M	B	G	R	I	M	X	S	H	E
T	S	R	F	A	Q	T	D	Y	A	R	D	Y	S	Z	O
N	A	N	P	S	K	I	L	E	O	A	W	A	M	Z	E
O	G	H	Q	Y	S	P	V	F	L	N	L	U	T	B	E
C	R	R	B	P	E	K	N	U	D	C	X	X	Y	B	K
S	E	Q	U	R	C	O	N	E	G	A	T	E	N	K	I
C	E	T	D	E	C	L	D	Y	F	I	L	L	U	N	Z
T	E	C	H	Y	A	R	A	C	C	O	R	D	A	R	D
T	J	C	Z	E	T	A	C	I	N	U	M	M	O	C	K

ACCORD **AGREE**
AIRMAIL **ANSWER**
CHECK **CLASH** ☆
COMMUNICATE **CONFLICT** ☆
CONFORM **CONTRADICT** ☆
DISAGREE ☆ **DISPUTE** ☆
E-MAIL **MAIL**
NEGATE ☆ **NULLIFY** ☆
POST **REPLY**
TELEGRAPH

Criticize
To express one's unfavorable opinion of the worth or quality of

```
P S X I V A D I S P R A I S E R
M I K Q C D P D U K K M M P N W
C N C J N R T Y D N H Z F E C D
P X Q C A N F A U L T Q N L E S
F S F I D N E M M O C E R N N C
T J S H E M A L B N D O O V S N
C E Z G O B Y X L N D U A L U U
L J P P L Z M G E E N G Z Y R Q
P N D P Q K A M W C X F P E E W
Y M K U Y L M Q E Y F T P V M L
K E X W S O M K T V L A O B Q E
S D N P C A Y O C U N R M L U C
D N E H E R P E R O P Z Z O Q F
Z O E N D O R S E P N K X Y H Y
M C A G X B I Y A N P K P E P I
P Q S A N C T I O N J D U B T D
```

APPROVE ☆
CENSURE
CONDEMN
DISPRAISE
EXTOL ☆
KNOCK
PAN
RECOMMEND ☆
SANCTION ☆

BLAME
COMMEND ☆
DENOUNCE
ENDORSE ☆
FAULT
LAUD
PRAISE ☆
REPREHEND
SLAG

Cue

Something serving as a signal and suggestion

```
W V L M F G N C E C T I M N X Z
C V Z M V T I G C C L T D A H Z
E F Y N E N L A I Q S U F J G J
L H S C O N L Y Z S I K E V G Y
A X D M T T O R H G D F M Y E K
R N E L J T N T N F E R F K X Q
G N Z D L T J I I F A I T X V R
M Q I G D E T O H O S D G C D E
A H H O G P A M B G N Q O R H M
V G R U M A D D O D N E U N N I
V P N O I T A M I T N I T W E N
A B R R K C Y X K Z U W L F H D
F P M S M P P R O M P T C K F E
G W F U W C A T C H W O R D N R
F F U S U G G E S T I O N A K I
J O Z W N N O I T A C I D N I D
```

- CATCHWORD
- HINT
- INDICATION
- INNUENDO
- JOB
- LEAD
- NOD
- PROD
- PROMPTING
- SIGN
- CLUE
- IDEA
- INKLING
- INTIMATION
- KEY
- MNEMONIC
- NOTION
- PROMPT
- REMINDER
- SUGGESTION

Curiosity

An eager desire to find out about things that are often none of one's business

```
A Q R S A S N O O P I N E S S M
K G I L S P D F V Z S A Z Y T R
T N N R Y E Y D R A G E R S I D
S I T A S H N I D U Y N Q S O F
E N E T M E T I N U F W Y R T U
R O R A S I A A S Q W T X W N N
E I F D U Z Q R P O U Q V H E C
T T E Q R R H W C A N I B G M O
N S R H F A D E G H L D R B R N
I E E I F S T N N Y I X T Y E C
S U N R Z Q R L I G K N X O D E
I Q C G E E Y R P P W S G C N R
D W E X C T H X O E G Y P Q O N
B M W N W V N Y O G P T T O W K
Z V O U S O Z I N Z B P G G S O
T C C L D D M Y S U C Z G L Z K
```

APATHY ☆
DISINTEREST ☆
INQUIRY
INTERFERENCE
QUESTIONING
SNOOPINESS
UNCONCERN ☆

CONCERN
DISREGARD ☆
INTEREST
NOSINESS
SEARCHING
SNOOPING
WONDERMENT

Definite
Having distinct or certain limits

```
E G J U E G R R K Z G H Z E Q Q
T L I N M E A S U R E D Y V V A
A R Y Y V K F W R A N C D F N D
N J A G M I O Q L S E X B U E S
I S W R N K D U T I R R F S D M
M F X I Q B F E K W A H I T E D
R V T L P I O U L Z L C S V I D
E E Z R T H X U N I E V R I F E
T P K N D E C B N R A D R P I G
E D E U E U I O P D E T D W L R
D L O B T G L A P D L S E Q A A
P C J R I A F Q N I T E W D U L
A F I A M V T A F S O G S N Q N
N B F Q I F P K J X X U O S Q E
L V K U L X O U C Y E V S R L A
E U Y D E A E S C A L A T E D H
```

BOUNDLESS
DETAILED
ENLARGED ⭐
EXPANDED ⭐
GENERAL ⭐
MEASURED
PRECISE
VAGUE ⭐

COPIOUS ⭐
DETERMINATE
ESCALATED ⭐
FINITE
LIMITED
PLENTIFUL ⭐
QUALIFIED

Desperate

Having an urgent need desire etc. & feeling and showing no hope

F	T	P	K	X	R	X	M	Y	C	D	Z	Z	K	O	K
F	S	C	E	D	H	S	V	S	O	P	K	J	D	W	M
H	L	T	G	K	W	U	U	N	E	I	A	B	E	K	
V	O	W	V	E	I	O	Z	O	T	O	S	O	E	T	P
T	G	S	E	E	L	I	X	I	E	B	M	A	E	W	R
I	J	B	N	M	D	R	C	C	N	A	G	M	G	S	E
T	T	O	T	J	J	U	O	O	T	H	O	N	C	B	C
E	N	D	U	P	K	F	L	R	H	S	A	R	D	A	I
I	E	L	R	J	E	M	C	T	Z	B	A	I	F	U	P
U	L	I	E	X	N	A	W	A	A	U	M	E	R	D	I
Q	O	M	S	T	L	L	C	N	C	I	Q	G	A	A	T
A	I	S	O	M	Y	Y	F	E	T	P	R	E	N	C	A
G	V	E	M	P	I	R	B	F	F	Q	D	P	T	I	T
N	T	N	E	D	I	F	N	O	C	U	T	G	I	O	E
U	D	E	N	I	M	R	E	T	E	D	L	F	C	U	Z
T	E	F	R	E	N	Z	I	E	D	E	S	C	K	S	W

ATROCIOUS
CALM ✦
CONTENT ✦
FRANTIC
FURIOUS
MILD ✦
PRECIPITATE
RASH
VENTURESOME
WEAK

AUDACIOUS
CONFIDENT ✦
DETERMINED
FRENZIED
MEEK
PEACEFUL ✦
QUIET ✦
TIMID ✦
VIOLENT
WILD

Disease

An abnormal state that disrupts the normal bodily functioning

```
T U N W E L L N E S S I M L G G
E S Z U D R Z V C M N A V S S T
G Y I C U O H X N F L H Y P S S
A I R C K Q M C I A E S O G E N
T N E X K U T R D A L S Q O N O
N S P S K N M Y L Q H E X O D I
A S M S S I E T Z Z E N V D N T
V E E D T E H S G V A L V H U A
D N T Y R T N S S Z L L Q E O C
A L S M Q H Y K V Y T E W A S I
S L I X C Q N I A R H W U L N L
U I D J Q U D O E E L Y Y T U P
Q C M V W T D S S W W T D H V M
R E V E F R G G N I S S E L B O
D R E D R O S I D E I M H N I C
H G K C O N D I T I O N F F Q L
```

- ADVANTAGE ★
- COMPLICATION
- DISORDER
- FEVER
- HEALTH ★
- INFIRMITY
- SICKNESS
- UNWELLNESS
- WELLNESS ★
- BLESSING ★
- CONDITION
- DISTEMPER
- GOOD HEALTH ★
- ILLNESS
- MALADY
- UNSOUNDNESS
- WEAKNESS

Deceased
No longer living

```
E G N I V I L K N F L G D G B X
X T C S R R B M O Y L E V I L T
I J H Y E D R R U M W A J Q C N
S N D L O C M Q Q H D F S G S Q
T X Y L N E J U H F F K S C R D
I P P U R O E V I L A Y E F J E
N E S T A I D B A X M P L M R T
G X T H N N V E M Y T Z E V H R
J P N R R E I D S W C A F N L A
U I A I L C S M P S V N I R B P
D R R V K A U E A G A K L O K E
F E B I M M T N R T S P R A R D
Z D I N U D P E E P E N M U B Y
P F V G L K D E H S I N I F V I
P T Q Q E N O G P P T A Y M A R
U K L T S T B R E A T H I N G O
```

ALIVE ☆   ANIMATE ☆
BORN ☆   BREATHING ☆
COLD   DEPARTED
EXISTING ☆   EXPIRED
FINISHED   FORMER
GONE   LATE
LIFELESS   LIVELY ☆
LIVING ☆   PASSED ON
PRESENT ☆   THRIVING ☆
VIBRANT ☆

Exaggerate
To describe or express in too strong terms

```
V A M P L I F Y O H N D W S Q E
J E Z I S A H P M E R E V O N T
E M I N I M I Z E Q N K J X E A
T L B E L I T T L E X V P T I C
A E D R F E C U D E R P U A Y E
T G Y O O X Y C B E M D K L U R
S O D R E V O F T Y E W O I F P
R J Z J M V E A I W F W G A C E
E B V F I O I K A N E I B M T D
D Y Z P Q C N R I R G R S R K I
N C U W E I D G T M I A O L L U
U P F R R R N M E C B T M A A C
X R P H E O S O A H S F G S I F
N E S V R M M T A I W J M S T Q
D Y O E T P E E D P O C R J L Y
K R P C V Q N E T H G I E H P D
```

- AMPLIFY
- DEPRECATE ⭐
- DISTORT
- FABRICATE
- HEIGHTEN
- LOWER
- MINIMIZE ⭐
- OVERDRAW
- REDUCE
- UNDERSTATE ⭐

- BELITTLE ⭐
- DEPRECIATE ⭐
- EMPHASIZE
- FALSIFY
- IGNORE ⭐
- MAGNIFY
- OVERDO
- OVEREMPHASIZE
- SHRINK ⭐

Excellent
Of the very best kind

```
J J E N O D E T E S T A B L E P
B G W U G L Y R O I R E F N I R
R S O D A T T R A C T I V E D T
E A Q R U S F I M K W N M A S Z
O X D Q D I G P G K V P T Q Y B
E E C M N I R E P N B K Q D L T
S B X E I S N A V O O L N O Q I
V K S E P R N A L I O R V L D A
M T I P M T A Z R U S R A X M G
T T C L P P I B F Y G L M N O F
N H M Q L T L O L U W E U M T T
U W J R L F B A N E A V R P A H
Y B S B R K U J R A E F E E E F
B N V Z X F D L C Y L J R W B R
E T I S I U Q X E U R G B X S B
L M T N E C I F I N G A M C D U
```

ADMIRABLE
DETESTABLE ⭐
EXEMPLARY
FINEST
IGNORANT ⭐
MAGNIFICENT
POOR ⭐
REPULSIVE ⭐
UGLY ⭐

ATTRACTIVE
EXCEPTIONAL
EXQUISITE
GREAT
INFERIOR ⭐
ORDINARY ⭐
REGULAR ⭐
SKILLFUL

Existence
The fact of being or of being real

```
I V V D E Z Y H Z W Q B N A S G
J F Y H X R H A T N O M X G S S
N O I T A R U D Y A E R P B E E
E T I X I B Z Q L C E A L U N C
C G E V E T L A N Y G R C D G O
N V C I T Y N E Z Q Y C B K N N
E R N D D Q S E M B W Q X H I T
T G E C N E S S E O O P C E H I
S Y T E R J L A V I V R U S T N
I I S P B E N D U R A N C E O U
X R I A B S T R A C T K A C N A
E I X R G H W P Y T I L A E R N
N E E X F N O N B E I N G I Z C
I S N H Y T I L A U T C A R Z E
K E O Y T I L A E R N U M A Q I
C V N O I T A M I N A C E R J N
```

ABSTRACT ☆
ANIMATION
BREATH
DURATION
ENTITY
INEXISTENCE ☆
NONEXISTENCE ☆
PRESENCE
SURVIVAL
WORLD

ACTUALITY
BEING
CONTINUANCE
ENDURANCE
ESSENCE
NONBEING ☆
NOTHINGNESS ☆
REALITY
UNREALITY ☆

Except

Not including with the exclusion of; excluding

```
Y N S K W N S N S E M S K Z X Y
E G F F H X X E J W D R T E Y W
Q E W S O K S B O C Q U X H J X
F H R I E O W L Q J B R L Y S Q
H D P G O A L R D W A A V C C Y
G G U H A A A K M M A S N T X B
I O C T S T D T P M E X E I I E
E E Y I I E Z H E X G P E M W A
V A D F B B F S W G R T E R K O
N C Y A R B J O J A A D C E A V
I C R A G B L T I N U H J P H W
F E E L A L C S I L O I M W C O
D P T R A E E M C C J Y Z N M M
X T A I J A I N T U J F W I V E
W X B B Q L I Q A S F U T E T L
A X O J E P L E V O R P P A O Z
```

ACCEPT ⭐
ALLOW ⭐
BAN
CHOOSE ⭐
DISALLOW
EXCLUDE
INCLUDE ⭐
OBJECT
PERMIT ⭐
RATIFY ⭐

AGREE ⭐
APPROVE ⭐
BATE
DEBAR
ELIMINATE
EXEMPT
INVEIGH
OMIT
PRAISE ⭐

expect
To believe in the future occurrence of (something)

```
J R D L N P R E S U P P O S E H
H D X O V O W Y N Z Q G E E B F
Y S C J U D I T U D W V P M D Z
C S T A Y B C T H X E O A S R J
O J V P L N T V S I H G S W A T
N W Y S J C J J L E N U T M G O
T P O J U E U E Z E U K U C E V
E O F N M U B L M E Y Q K Z R E
M R N U K S E U A K Z E T N S R
P E S U I S S N F T P G R M I L
L S O D N E E G W R E F I L D O
A P R E R G O B E T R U S T Q O
T Z S P L O M D W Q R A C A J K
E T H E W I I O N Z Y M J H C W
G F C W N C D N E H E R P P A D
H T D H T Z E R U T C E J N O C
```

APPREHEND
CALCULATE
CONTEMPLATE
DISREGARD ☆
HOPE
NEGLECT ☆
PREDICT
PRESUPPOSE
SENSE
TRUST

ASSUME
CONJECTURE
DISBELIEVE ☆
DOUBT ☆
KNOW ☆
OVERLOOK ☆
PRESUME
QUESTION ☆
THINK

Foreign
Characteristic of a country & language other than one's own

```
N E X T R I N S I C R P T O K X
H D U A F R T V P F E Q W V L S
V S B S U O E N A R T X E E A N
M A F J G N Z M O M E U J R N Y
W N Q X H E I H Q X E K I S O N
T T U N S L S I T S S N O E I X
R I D C I F N R T U T H E A T E
A P T A F I A R P R Q X P S A T
I O R O K L A Z I E I B Y V N R
L D N W O N K N X L N C S E B H
I A D C G Y S T E A S E R L D Z
M L A E U I E D T N X E W A J R
A L D F C R W I L J H T J C P C
F Q K R N T V Y P N P N I O B G
N H W A M E H N I C U N K L A I
U Y L H B A R B A R I A N G Q I
```

ANTIPODAL
ESTRANGED
EXTERNAL
EXTRANEOUS
FAMILIAR ⭐
INTRINSIC ⭐
LOCAL ⭐
NATIVE ⭐
OVERSEAS

BARBARIAN
EXILED
EXTRALOCAL
EXTRINSIC
INHERENT ⭐
KNOWN ⭐
NATIONAL ⭐
OFFSHORE
UNFAMILIAR

Fancy

Made or done with much detail tending or intending to impress

T	H	B	E	V	I	T	A	R	O	C	E	D	P	D	V
N	X	T	B	D	E	C	O	R	A	T	E	D	H	S	S
E	S	N	E	S	J	O	X	U	N	F	A	N	C	Y	S
I	A	E	A	M	V	Z	F	E	L	P	M	I	S	U	U
C	D	I	U	H	J	C	E	L	E	G	A	N	T	O	L
I	E	C	T	S	L	U	E	E	O	E	Z	K	L	Z	A
F	N	I	I	P	V	L	Y	L	K	B	B	A	U	V	L
E	R	F	F	J	P	L	R	L	Q	A	V	L	Y	J	Z
D	O	F	Y	M	G	T	L	A	R	I	S	V	C	D	H
B	D	U	I	U	Y	W	B	O	S	E	P	P	N	E	D
Z	A	S	N	C	E	D	Q	H	E	S	E	Y	A	N	E
U	N	N	G	P	S	U	U	D	T	O	C	S	F	R	L
V	U	I	N	O	E	N	S	A	G	P	I	P	N	O	U
X	E	O	D	I	V	R	G	F	G	B	A	R	U	D	X
V	S	U	M	P	T	U	O	U	S	Z	L	W	J	A	E
U	I	N	A	D	E	Q	U	A	T	E	H	K	P	F	P

ADORNED
BEAUTIFYING
DECORATIVE
DELUXE
GAUDY
INSUFFICIENT ✦
SIMPLE ✦
SUMPTUOUS
UNADORNED ✦

BAROQUE
DECORATED
DEFICIENT ✦
ELEGANT
INADEQUATE ✦
LAVISH
SPECIAL
UGLY ✦
UNFANCY ✦

Frequently
Many times

```
R M Z T W S E M I T E M O S G T
B F E N E T F O F W I D X N C X
Z Y L T N A T S N O C O Y X R O
C G T Y Y Y F T V Q O X U B E U
O E T L S L L W B H R H S L P F
N S I T R E R L Q I G C F J E F
T K L N Q S M A A H A T E M A U
I Y S E J E M I L R C E A H T N
N E V U Z L O C T U E N A H E C
U R B Q U D D O Q N G N T A D O
A X A E V O L O Z H E E E T L M
L L G R X M E H D K N T R G Y M
L P B F E U S B D K G W F D B O
Y X W N F L A V V V U M K O F N
F D L I R W Y J J E X V C E I L
K J X O V E R A N D O V E R W Y
```

CONSTANTLY
GENERALLY
LITTLE ⭐
OFTENTIMES
RARELY ⭐
REPEATEDLY
SOMETIMES ⭐

CONTINUALLY
INFREQUENTLY ⭐
OFTEN
OVER AND OVER
REGULARLY
SELDOM ⭐
UNCOMMONLY ⭐

Harass

Subject to aggressive pressure or intimidation

```
V R A E W T U O H P Y N Z C A C
O L H H L E Q M K F Y E I L J Q
T A R Q L X I U F R S P Y A I Z
E D E L I G H T H A R W J J R V
Z A W L K Q D X E Z J S X C Z D
I S Z E P E A L J Z F T A J B H
L E B X X L P B P L E L E T A T
A T T U E E F O V E M R B B N J
T I E R S L S E F A T I G U E W
I Y T A O T Z R T U O H S A W D
V D A S C L J K N O C K O U T E
L E V S V M S G N I O D X E S B
A R I I R E R A D O U P A P I X
B I T S O E O F Z T U O N R U B
U T C T J V B B C E X H A U S T
Q H A C C X E N C O U R A G E H
```

ACTIVATE
BURN OUT
CALM ☆
DO IN
DRAIN
EXHAUST
FATIGUE
KILL
OUTWEAR
RELAX
VITALIZE

ASSIST ☆
BUST
DELIGHT ☆
DO UP
ENCOURAGE ☆
FAG
FRAZZLE
KNOCK OUT
PLEASE ☆
TIRE
WASH OUT

Hindrance
Something that makes movement or progress difficult

```
L M O T T R V S T I M U L A N T
U H G X N O U S U L U M I T S I
B Y K T L E E K V V S V O D N H
E X O T W B R S M K Z B N C I L
N S C N W O M R A R S Q E L G A
E T E T S O O B E T U N L O T I
F P J L Z I N M A T T P T G B L
I Q E N K M Q C F I E K S X E D
T B D L S C L C V W J D H M X N
J H A X K E A E D A Y C M W P D
T B P D W A C H H X R A G Q E Z
W N H C U Q E Z S A R J J V G L
Q Q Q U B D R R M T J G U N D D
U X L D I A K P B N A I H G E O
A D V A N T A G E R B Y Q L B L
F E N H G G Z E D H S R E S N C
```

ADVANTAGE ★
BALK
BOOST ★
CLOG
DETERRENT
EDGE ★
OBSTACLE
SPUR
STIMULUS ★

AID ★
BENEFIT ★
BREAK ★
CRAMP
DRAG
INCENTIVE ★
SHACKLES
STIMULANT ★
TRAMMEL

Heir

A person who has the right to inherit property

```
K S U C C E E D E R O H B U K H
E M D C N D C L A I M A N T Y Y
W I H I N H E R I T O R Y P V R
S B H E V G M M K Y G D I K S A
S I E E Q D D H J R K E A J N I
E S I T E G R T W A P V V T E C
R C R N S E O X V I N I W N N I
I I A A U O S L U C M S E A I F
E O P R C H S I K I K E E D L E
H N P G C E E D V F V E T N N N
W C A S E R C R F E J G N E I E
Q O R N S I C I R N D V A C T B
Z N E M S T U X G E M A R S X W
K K N W O O S I W B N I G E E K
Z T T M R R W N K O D V H D N N
C O H E I R E S S H F I X Z F H
```

BENEFICIARY
COHEIRESS
DEVISEE
HEIR APPARENT
HERITOR
NEXT IN LINE
SUCCEEDER

CLAIMANT
DESCENDANT
GRANTEE
HEIRESS ✦
INHERITOR
SCION
SUCCESSOR

Hire

To take or get the temporary use of (something) for a set sum

A	B	B	E	S	A	E	L	E	R	O	B	T	A	I	N
R	R	J	H	U	D	Y	I	F	T	K	D	N	C	I	W
Q	E	R	E	N	S	F	X	S	D	R	A	F	T	U	O
Q	T	E	Y	J	U	K	I	O	X	E	N	C	R	E	W
X	A	T	I	Z	Y	L	R	E	G	H	E	J	E	L	E
I	G	A	L	Y	N	D	O	A	E	L	Z	P	N	U	S
R	E	I	H	E	C	P	G	S	E	E	S	X	T	B	I
E	L	N	R	A	I	N	U	S	H	O	J	W	S	S	M
J	E	I	R	C	E	F	E	K	Y	M	S	E	J	O
E	D	R	K	S	E	Q	R	K	I	P	I	W	E	U	R
C	Y	Q	Y	R	W	C	I	Z	O	M	T	P	M	L	P
T	R	Q	I	Q	G	G	F	Q	S	O	O	Q	P	D	D
Y	P	C	L	E	A	S	E	I	F	Y	B	I	L	L	I
W	I	F	J	J	S	K	N	D	D	Z	H	G	H	O	D	M
U	W	T	A	U	T	H	O	R	I	Z	E	M	Y	G	Y
Y	R	D	C	H	A	R	T	E	R	O	S	C	W	S	A

AUTHORIZE
CARRY
DELEGATE
DRAFT
ENGAGE
FIRE ★
OBTAIN
PROMISE
REJECT ★
RENT
SELECT

BOOK
CHARTER
DISMISS ★
EMPLOY
ENLIST
LEASE
PICK
REFUSE ★
RELEASE
RETAIN

Height
The highest part or point

```
K R W F Q T I P T O P N H S I H
R D Z D V T T D Q L B K G B D J
O D H M M S H Y O I H W I Q T T
C E Y W E E L M A I X Q H V G Y
K U B C I R N L G V K Q O I N M
B F D D K C G H S I C S D N E S
O U C A W F N S C L Z U H R N H
T P E O Y O E I I P O M I W K T
T P A B O N H M S D A D O B P K
O D X N W E A U N R I R C I D C
M E U O A X M E V A C X W P H I
B P L D Q M C Y N O O N T I M E
L T O S I S J Z E L C A N N I P
Q H A T E N I G G P X Y Z G B F
L X M R L Q D N O N R I D A N Y
O H C I I S V M O T T O B Y U E
```

- BOTTOM ⭐
- CRESCENDO
- CROWN
- HEAD
- HIGH NOON
- MERIDIAN
- NOONTIME
- PINNACLE
- SUM
- TIP-TOP
- CLIMAX
- CREST
- DEPTH ⭐
- HIGH
- LOWNESS ⭐
- NADIR ⭐
- PEAK
- ROCK BOTTOM ⭐
- SUMMIT

Hygiene

Keep yourself and your surroundings clean in order to maintain good health

Z	J	N	M	M	P	Q	X	R	V	L	S	C	Q	C	A
Z	S	S	E	N	K	C	I	S	E	H	S	Y	Y	L	K
D	S	L	R	Q	J	D	Z	G	R	E	E	H	K	T	J
B	S	H	D	P	U	C	W	X	D	S	N	Z	P	R	C
I	E	M	N	U	P	J	S	B	U	L	K	K	Y	Y	S
N	N	O	C	P	Z	B	B	C	R	I	A	D	X	S	U
F	I	H	V	F	E	E	B	L	E	N	E	S	S	N	W
I	L	D	E	B	I	L	I	T	Y	F	W	E	W	I	S
R	N	A	V	Z	Z	S	O	U	N	D	N	E	S	S	S
M	A	D	M	R	F	S	S	E	N	L	L	E	W	F	E
I	E	L	C	E	J	I	P	Q	L	Q	X	S	X	Q	N
T	L	E	Q	Z	N	Z	T	I	B	O	K	I	V	W	I
Y	C	U	N	C	L	E	A	N	N	E	S	S	Q	Y	T
P	F	H	G	S	B	X	S	M	E	G	G	X	B	U	R
Y	S	X	N	W	J	H	D	S	C	S	C	I	N	L	I
R	O	B	U	S	T	N	E	S	S	Z	S	A	K	H	D

CLEANLINESS
DIRTINESS ✦
FITNESS
INFIRMITY
ROBUSTNESS
SOUNDNESS
VERDURE
WELLNESS

DEBILITY ✦
FEEBLENESS ✦
ILLNESS ✦
LAMENESS ✦
SICKNESS ✦
UNCLEANNESS ✦
WEAKNESS ✦

Heist
An instance of theft

```
J P I W E E C D G N I T S E K X
K Z R F I X S T I C K U P K G H
E I E G A R E F L I P W Y A S C
R P U R C H A S E H O L D U P P
Z G X G A B E D S M R X T I S K
Z B B R E A K I N E E R O Y E N
H G O S G O T T V T T M N B T O
M T T Z F Z M O H X Y E U V U C
X O E R G F D F P E C Y Z T B K
W H O I U N O F Z R F B C F I O
A U V P A E W P A R Q T J U R V
K E X H H M R L I N E V Z T T E
R C N M I I E B G R S P L B N R
U O V J Z R T O O L K R A Y O Z
L X P J E C G R C X K H N C C T
S L D O N A T E F R J W M W K K
```

BESTOW ★
BUY ★
CONTRIBUTE ★
DONATE ★
HAND OVER ★
KNOCK OVER
LOOT
PURCHASE ★
ROB
STING

BREAK-IN
CAPER
CRIME
GIVE ★
HOLDUP
LARCENY
PILFERAGE
RIP-OFF
STICKUP
THEFT

Hoist
To lift with effort

```
M G X R Z J Y N Q V T X O R K Y
J Y N D O H X M P Q F R K H Y A
N U E H L X S U Q R N T Q I R A
X P T J R O P B E E F P F K R O
U H H Q I M H Z G I S V W E J P
S E G B T R B P L G Q I Z D O O
U A I P F A Z P U Z B O A R N B
B V E U E I U I E Y O G D R Q S
M E H E H S Q N H R O X Z J P E
E P B K U E A T U W S W U R L U
R O U A H R J J V T T T A E I M
G H B T C I H A L I F T V F F P
E J U M E A M R C B E A C A Q G
I H E A V E Y V M K T U H Z L C
K S U B M E R S E E V M L C L D
D N E C S E D H Y Q T G A G K J
```

BOOST
DESCEND ☆
ELEVATE
HEFT
HIKE
LIFT
SUBMERGE ☆
TAKE UP
UPHEAVE
UPLIFT

CRANE
DROP ☆
HEAVE
HEIGHTEN
JACK
RAISE
SUBMERSE ☆
UP
UPHOLD
UPRAISE

Harbour
A place on the coast where ships may moor in shelter

```
O J K U Q S S B N Z Q Z T S V X
E Y R J H U I O D R A C S I D G
T B O P E G D H B T I R Q M I N
L A Z O H N X D L R H D T N A I
G U K T A K F G B O X C C R N R
T T D B V E O A E P E O H O I O
D C A O S T S S U J V G M C R O
D R N U C I C W E E V N O S A M
R E F V N K L R T O A I O C M K
O E R C Y R F Q V J E A R J E N
R K C H L O J A S B B D A L A H
L J V U H P V E I A S S G U X U
U E N I L C E D R Y G I E M N P
F R H J C E R U J B A D N V V E
A V G N P R F R N E G L E C T W
Z H O V E R L O O K X P I W I D
```

ABANDON
BASIN
BIGHT
CREEK
DISCARD ✦
DOCK
MOORAGE
NEGLECT ✦
PORT
REJECT ✦

ABJURE ✦
BAY
COVE
DECLINE ✦
DISDAIN ✦
MARINA
MOORING
OVERLOOK
REFUSE ✦
SCORN ✦

Honour

High respect or great esteem

X	D	I	S	C	R	E	D	I	T	H	P	H	A	D	H
N	C	S	Q	I	E	D	I	S	H	O	N	O	R	C	D
I	U	X	X	P	S	T	M	E	M	A	F	E	D	E	E
Q	B	K	T	E	U	I	A	F	V	Y	S	J	P	L	T
A	C	Y	P	L	K	U	R	I	F	X	Q	N	Z	E	A
C	K	H	D	X	A	E	A	I	L	G	V	O	P	B	T
C	I	D	Y	I	G	U	R	L	A	I	M	W	K	R	I
L	H	V	U	E	S	O	D	S	H	A	M	E	M	A	C
A	U	U	Z	A	L	G	K	V	B	S	G	U	O	T	I
I	S	I	M	G	L	G	R	V	U	Y	Q	P	H	E	L
M	A	I	M	B	S	P	M	A	E	S	I	A	R	P	E
G	L	S	P	P	L	A	P	A	C	R	L	B	N	H	F
Q	U	H	X	Q	K	E	Q	A	U	E	Q	B	B	J	W
Y	T	Q	U	L	V	O	H	N	B	E	T	M	H	J	D
O	E	Q	B	A	D	M	O	U	T	H	R	X	J	V	P
I	Y	E	T	A	E	R	U	A	L	C	P	M	X	E	K

- ACCLAIM
- BAD-MOUTH ★
- CHEER
- DISCREDIT ★
- DISHONOR ★
- GLORIFY
- HUMILIATE ★
- LAUREATE
- SALUTE
- APPLAUD ★
- CELEBRATE
- DEFAME ★
- DISGRACE ★
- FELICITATE
- HUMBLE
- LAUD
- PRAISE
- SHAME ★

Identity

Person's individuality

```
O E O P P O S I T I O N Q E Y C
E C I N T E G R I T Y N S I D J
C N G W B C O H E R E N C E D Z
N E S V M P D S E L F N E S S E
E T D R B Y E G O L K F R T G C
R S S U C Z F R N N E S G X H S
E I E R N R G M S M E J M A P V
F X X L M I X H O O S N R Y H C
F E D M F O Q D Y T N A E G B Z
I U L A O H F U A T C A P S B Z
D Z S X O L O T E T I S L E S A
H Z X W E N U O E N U E Q I D Q
O E C S I S O R D S E R S W T V
R L L S K D X B E Y B S X P Z Y
I M F R X J S L Z G W X S X I M
Q S I Z S A F G E Y H W D C Q W
```

CHARACTER
DIFFERENCE ✦
INTEGRITY
ONENESS
PERSONALITY
SELFDOM
SELFNESS
UNIQUENESS

COHERENCE
EXISTENCE
IPSEITY
OPPOSITION ✦
SELF
SELFHOOD
STATUS

Individual

Distinctive exclusive or singular person thing

U	O	V	O	S	P	M	G	J	G	S	D	K	S	H	F
L	R	A	A	S	V	W	V	E	A	G	E	L	V	C	V
R	D	S	O	L	E	U	N	T	Z	T	L	V	D	X	L
R	I	K	B	N	A	E	P	L	A	N	O	S	R	E	P
A	N	F	D	A	R	X	Z	R	C	L	O	N	E	O	P
D	A	S	X	A	I	X	A	Y	A	Z	P	T	Y	P	T
R	R	P	L	Q	P	P	Q	L	S	A	I	M	Z	S	O
E	Y	E	N	Z	E	R	B	I	R	N	I	H	H	D	G
S	K	C	H	S	E	A	N	T	I	X	Y	J	E	Z	E
P	W	I	F	E	X	G	I	F	E	N	E	N	V	A	T
E	V	F	A	R	U	C	E	D	O	U	I	P	O	V	H
C	A	I	M	L	U	D	K	M	Q	B	Z	L	O	D	E
T	K	C	A	L	N	H	M	D	M	V	V	Q	Q	O	R
I	H	R	A	I	T	O	V	O	U	V	G	R	F	K	J
V	N	R	W	T	C	S	C	L	A	M	R	O	N	X	S
E	A	M	O	R	I	G	I	N	A	L	J	A	F	W	B

COMBINED ☆
GENERAL ☆
LONE
NORMAL ☆
ORIGINAL
PERSONAL
SEPARATE
SOLE
TOGETHER ☆

COMMON ☆
INDEFINITE ☆
MIXED ☆
ORDINARY ☆
PARTICULAR
RESPECTIVE
SINGULAR
SPECIFIC

Implied

Involved indicated or suggested without being directly or explicitly stated

```
R H R U N U T T E R E D Y U Q T
E T C E R I D N I M V V U B E T
X X P O P E N A Z Z M G N E E D
P G J S S E L D R O W O S X X E
R J N T V L A T E N T I P P P R
E W R I L V R G E V D N O L L R
S I T C K D W Y G E E D K I I E
S Q M K H R J I S N T I E C C F
E V V P D C U X T S O C N A I N
D C H H L P Q L A S N A S T T I
T A C I T I G Z T K N T V E E L
G Q Z P B F C M E O O E W D I D
Z O F B N W V I D W C D C O X D
R B Y B G X B X T D E R U G I F
K D E R A L C E D N U P F P Z T
E X J U D E T A R B M U D A M I
```

ADUMBRATED	CONNOTED
EXPLICATED ⭐	EXPLICIT ⭐
EXPRESSED ⭐	FIGURED
IMPLICIT	INDICATED
INDIRECT	INFERRED
LATENT	LURKING
OPEN ⭐	STATED ⭐
TACIT	UNDECLARED
UNSPOKEN	UNUTTERED
WORDLESS	

Impatient
Unable unwilling to wait

```
E A S Y G O I N G Y H F L E F J
P B P A G N E K J H T R T K L W
I R U X S R F A T I S S Q F G H
R E P X F L B P N A Z E R N C H
R A C U W Y U B D X Z Y I I T J
I T A Z V R B F D H I R S H H S
T H T X B S I T Z A U O J T S T
A L O A C J N A Y D P Z U E N X
B E A R A E T P N E Y D L S X A
L S E V T T N E E K Y T L A G O
E S W E I N H G F E S P Z R P C
I T P Y S D S I A E Q F A D L K
Q P R E G A E V R Y I S R E Z S
A I D Z K A Y T E S T Y J N N T
L K J P H A P P Y U T F C T Z M
H U E B D E L L O R T N O C S A
```

- ABRUPT
- ANXIOUS
- ARDENT
- AVID
- CONTROLLED
- EASY-GOING ✡
- HAPPY ✡
- KEEN
- TESTY
- ANTSY
- APPETENT
- ATHIRST
- BREATHLESS
- EAGER
- ENDURING ✡
- IRRITABLE
- RESTLESS
- THIRSTY

Impatience

Lack of patience or eager desire for relief or change, restlessness

```
N V E A G I T A T I O N P A Q E
E E P C O N T E N T M E N T P L
R C F E S D S S E N M L A C U A
V N M F A E N I N X F M G A U J
O A U W U C H A E Y N F N N M N
U R W T V M E E A S E N E K H A
S E P G B Z S C T L O A A X N L
N L P M G H O N S Y S P R X C P
E O K O X N E S A I A A I A T V
S T L Z T M E N N T V E L Q L O
S N J R Y N C E H J T M L S N R
D I O O R E S Y Z Y U Q Y J S Y
N L J E O S S E N I G D E S E T
B N G H H P A V I D I T Y E Q X
E A Z S T N E M E T I C X E H Q
E T Y I W E H A P P I N E S S C
```

AGITATION
ANXIETY
AVIDITY
CALMNESS ☆
CONTROL ☆
EASE ☆
ENJOYMENT ☆
HAPPINESS ☆
NERVOUSNESS
UNEASINESS

ANNOYANCE
APATHY ☆
CALM ☆
CONTENTMENT
EAGERNESS
EDGINESS
EXCITEMENT ☆
INTOLERANCE
PEACE ☆

Impiety

Lack of dutifulness or respect

```
Q E A I H Q F E G W S R Y S L H
Z H H M T F D S X W E U M Q T G
X J J V R L V P D V H T W X E G
T G C L I H J U E Y M P P D P K
D A T I E E N R S T S T N W V W
P E U R H I E T J I H Y G Z O W
T K E H B N F J K N V M O V L B
R S C F C I A F C A O F R W P R
Y Y L E J M U P P F Q Z Y Y O C
Q H O O O D Z C J O T A A C V Y
B K A I R R E V E R E N C E W A
Y Z E E V E A K K P K R Y K Q F
H J S S E N S S E L D O G W A M
J F B L A S P H E M Y E L G D L
D W F I M N D E L C E W B L E W
C G K L E U Y A V Z Q U H E D N
```

BLASPHEMY
HERESY
PROFANITY

GODLESSNESS
IRREVERENCE
REVERENCE

Interfere

Intervene in a situation without invitation and necessity

```
R P Y R T M D S Z O K C E J P M
G D A V N I N T R U D E F J G U
C C B H E O F B C O N F L I C T
M E X W V A O T A F U H Q R R F
N T B A E L F L R F W C A Z Q W
C A D D R L R D V A F R O I D Y
X T H R P O H E E P E L Q O I A
D I A I A W A A S M I C E B S U
W L T I N W D L M Y F Z T S C H
H I I K M D R K G P J N I T O Z
U C M Y A P E O L V E S B R M S
H A R T P W E R F A T R I U M L
G F E F D Y G D Z O B R H C O B
Q O P T C N T P E L V M N T D E
T R O J H A D V A N C E I A E G
U N V B X M T I M R E T N I O I
```

ADVANCE ⭐   AID ⭐
ALLOW ⭐   ASSIST ⭐
BAFFLE   BALK
CONFLICT   DISCOMMODE
FACILITATE ⭐   FORWARD ⭐
HAMPER   HINDER
IMPEDE   INHIBIT
INTERMIT   INTRUDE
OBSTRUCT   PERMIT ⭐
PREVENT

Interrupt

To cause or make a break in the continuity of a course process condition

X	W	G	F	K	R	F	F	O	K	A	E	R	B	V	I
E	D	E	X	G	C	R	P	B	L	L	D	U	U	J	E
W	Y	T	C	I	R	S	R	K	W	I	R	A	I	V	U
U	Z	A	K	V	H	F	E	P	D	H	A	P	F	D	N
T	I	T	N	E	O	H	V	W	I	E	W	X	E	B	I
E	A	I	C	D	L	R	E	I	R	C	R	Q	J	T	T
G	A	L	U	G	D	R	N	Z	U	K	O	A	R	G	N
A	T	I	T	F	U	P	T	W	U	L	F	Y	S	F	O
R	L	C	O	Q	P	H	G	W	L	E	K	Z	N	K	C
U	A	A	F	F	R	T	C	E	N	N	O	C	A	A	S
O	H	F	F	L	F	V	Y	K	J	G	B	E	U	W	I
C	P	D	S	B	R	U	T	S	I	D	R	C	T	R	D
N	D	E	L	A	Y	T	R	D	R	B	O	K	A	O	G
E	M	R	C	U	T	S	H	O	R	T	Z	A	D	W	P
C	L	I	O	H	I	N	D	E	R	H	A	O	W	M	W
H	R	G	E	D	E	P	M	I	F	U	R	T	H	E	R

BREAK   BREAK OFF
CONNECT ☆   CONTINUE ☆
CUT OFF   CUT SHORT
DELAY   DISCONTINUE
DISTURB   ENCOURAGE ☆
FACILITATE ☆   FORWARD ☆
FURTHER   GIVE ☆
HALT   HECKLE
HINDER   HOLD UP
IMPEDE   PREVENT

Laser

A device that produces a nearly parallel nearly monochromatic beam of light

```
Q W A I E N Z C P G A O T P M S
R K E N N O I S S I M E G E H B
A H D U L L N E S S D M V A S U
D M T G O S E Y S C X S F N L Y
I A D R L E L K N I W T P B C C
A F A E E A K D K Y Q M X E O F
T Q R K Y Q R C N K M T I A L I
I M T C N S A E X A N N D C U N
O T L I H N P F E I E G O O M G
N I E L G S S L L N T G L N N E
X G R F K M G G W E K F Y O I R
M H R E N Y W J C Y A R J X W K
B I Y Z I V G L I T T E R E T K
D F W M H S T E P H U Q K Y P W
G W M M C M R E M M I H S C V V
Z O C G D Y U R E M M I L G R M
```

BEACON	CHINK
COLUMN	DARTLE
DULLNESS ✦	EMISSION
FINGER	FLICKER
GLARE	GLEAM
GLIMMER	GLINT
GLITTER	GLOW
RADIATION	RAY
SHAFT	SHIMMER
SPARKLE	TWINKLE

leisure
Freedom from the demands of work or duty

```
C S Y G K H Y T L U C I F F I D
J S P A R E T I M E D E L Y H L
C R E L A X A T I O N C T A V E
O M U L A Y P Y Z O C N U D S W
N P F L E V Y Q I U Q E G I J E
T T P S O J Y T R E B I L L Q M
I N A O N Y A I I W P N L O L P
N E I E R E C H A N C E K H A L
U M T A R T C O B P O V D K B O
A X O C R S U U F N F N L S O Y
T J E D L T G N G O F O I W R M
I R Y I E E S G I D I C B O R E
O Z R W Q E A E H T C T P J W N
N I R N G U R A R I Y J T O B T
F O W E D S K F Y T G H R J R A
A R W V J B F T I V Y K U K V Y
```

CHANCE
CONVENIENCE
EASE
FREEDOM
LABOR ✪
OPPORTUNITY
RELAXATION
SPARE TIME

CONTINUATION ✪
DIFFICULTY ✪
EMPLOYMENT ✪
HOLIDAY
LIBERTY
RECREATION
RESTRAINT ✪
WORK ✪

Lead

To go before or with to show the way conduct or escort

V	W	Z	E	R	O	N	G	I	K	O	C	E	K	S	T
L	T	R	A	V	E	R	S	E	Z	H	S	R	T	T	U
N	A	E	W	X	B	C	E	C	R	E	O	C	F	K	L
M	E	C	F	L	D	N	E	T	T	A	W	D	I	P	X
W	C	G	N	L	I	F	I	L	T	C	U	D	N	O	C
D	S	O	L	M	E	G	A	N	A	M	S	I	M	E	P
I	W	N	N	E	A	C	P	I	L	B	X	J	G	A	D
S	H	C	A	V	C	W	O	J	L	Q	C	A	V	R	Z
S	M	D	C	R	O	T	W	M	E	K	N	Y	I	A	Z
U	U	P	C	S	I	Y	S	W	P	A	H	V	C	T	F
A	N	E	O	J	I	U	L	O	M	E	E	E	N	B	Y
D	Y	C	M	G	E	T	W	H	X	Y	L	I	N	E	G
E	L	R	P	N	O	W	S	S	X	J	S	F	V	M	X
F	U	O	A	X	E	N	V	A	D	Z	I	N	E	W	X
O	O	F	N	A	C	H	A	P	E	R	O	N	E	V	M
C	J	B	Y	E	G	A	R	U	O	C	S	I	D	M	C

ACCOMPANY	ATTEND
CHAPERONE	COERCE
COMPEL	CONDUCT
CONVEY	CONVOY
DISCOURAGE ⭐	DISSUADE
DRIVE	FAIL ⭐
FORCE	GET
IGNORE ⭐	MANAGE
MISMANAGE ⭐	NEGLECT ⭐
SHOW	TRAVERSE

Ledge

A more or less flat shelf of rock protruding from a cliff or slope

```
M U H Z D N O I T C E J O R P A
U T S C R E L T N A M P A C D Q
O E H H N B R O N R Y J M K L G
M P E T S E E V O E I J D U F V
W T H D R D B T F I L D M I R W
B E U L G E W X F T P O G M L Y
B X G E E S E H S I D H S E X D
Z R T D A D B F E G B R X N P W
T A A P A E G N T R E C G Q O U
F F N C R Q L E U J F T J E F C
S R Y M K M S I L L X S U D C S
J A T W H E D Y W E Z U J O S T
U B U Y U S T T A D S A S U R R
I P D A V B C D R A Y S U W T I
I D E G D E L N U R T T P B K P
Z A I Q L J I Z T G I I Y U X Z
```

BAR
BERM
CONSOLE
JUT
MANTLE
PROJECTION
RIDGE
ROUTE
STEP
TIER

BENCH
BRACKET
EDGE
LEDGELESS ✡
OFFSET
REEF
RIM
SILL
STRIP
UN-LEDGED ✡

Lodge

A small makeshift or crude shelter or habitation as of boughs poles

```
S A D I S O R G A N I Z E Q D U
H Y D X G B X U N S E T T L E A
H U F I T B P F H L D E B M E Y
Y H G F W D G C O I F M Q J T G
T C E Q D S T A M S B C K B J T
I N S F W A C P R P T I B P H U
S E U O C U L E B O G I J F P O
I R F Z F A M E C K U B C Q Q T
N T E J N A L B D K A M L K V E
G N R T I D L H H I F L Z E R G
R E A N R N A N Q I B Y O V Z F
A S T P H A T N S E N A V A W M
I T J M A F S P S T Z F V E L H
N L X O U Z N G G I A E I L C E
W S D E B M I N Y N L Y G X K L
U E G D O L S I D O T L Y U Z S
```

ABIDE
DISLODGE ⭐
EMBED
FIX
GO ⭐
IMPLANT
INGRAIN
LEAVE ⭐
REMAIN
STICK

CATCH
DISORGANIZE ⭐
ENTRENCH
GET OUT ⭐
IMBED
INFIX
INSTALL
REFUSE ⭐
STAY
UNSETTLE ⭐

Marvellous

Of the very best kind and causing wonder or astonishment

H	S	U	O	I	G	I	D	O	R	P	H	W	K	H	S
L	W	K	N	O	D	Z	G	N	I	Z	A	M	A	A	W
G	E	S	U	O	N	O	T	O	N	O	M	I	S	S	T
Q	Y	U	E	S	W	Q	L	B	M	G	F	T	T	A	P
G	P	O	O	U	O	O	Z	T	N	C	O	A	O	W	O
N	E	D	N	O	T	G	K	I	X	U	G	J	F	E	R
I	Y	N	L	L	C	Q	R	V	N	G	S	A	T	S	T
H	E	E	F	U	B	O	P	D	E	I	B	A	X	O	E
S	O	P	Y	C	B	B	I	R	L	U	T	L	K	M	N
I	P	U	J	A	U	N	I	T	L	U	H	P	K	E	T
N	E	T	A	R	G	N	G	O	D	X	F	N	V	C	O
O	N	S	D	I	G	F	U	H	Y	U	J	W	K	R	U
T	I	X	I	M	P	S	L	V	Z	F	L	K	A	M	S
S	N	A	N	Y	F	C	B	H	A	E	D	L	U	Q	H
A	G	T	G	G	S	T	U	N	N	I	N	G	B	D	O
L	G	R	I	G	N	I	R	I	P	S	N	I	N	U	Z

AMAZING
ASTOUNDING
AWFUL ✦
DULL ✦
FABULOUS
MIRACULOUS
PORTENTOUS
STAGGERING
STUPENDOUS

ASTONISHING
AWESOME
BORING ✦
EYE-OPENING
JADING ✦
MONOTONOUS ✦
PRODIGIOUS
STUNNING
UNINSPIRING ✦

Mischievous

Engaging in or marked by childish misbehavior and capable of causing harm

```
T J Y L R E N N A M N U Q O U S
I N G H T U O C N U X X U P Q I
O M E N B W I N S O L E N T J U
D B P I I E I L L N A T U R E D
E V E U D Y H T U X N E G W S E
F A T D D E L A V X E U Y U U R
I C S I I E B P V J W T B E E E
A Q M U M E N O M E C C R X R N
N U P R O P N T S O D N A U E N
T I E I U R O T Q I C I S B P A
O E N E H X O L W U D C J Y O M
I S K Y D M N C I C Z E E Y R L
I C E H P U S K E T L X G D P L
R E P C T B R P J D E V K E M I
D N J C O M P L I A N T F T I N
W T J B F I Z Q L U F I T U D V
```

ACQUIESCENT
COMPLIANT
DEFIANT
DUTIFUL ✦
ILL-NATURED
IMPROPER
INDECOROUS
NICE ✦
RUDE
UNMANNERLY

BEHAVED ✦
COMPLYING ✦
DISOBEDIENT
ILL-MANNERED
IMPOLITE
IMPUDENT
INSOLENT
OBEDIENT ✦
UNCOUTH

Muse
To think or meditate in silence as on some subject

```
L N W V F T H I N K B P Q E Z M
N N F N M F F N G Z I G N O R E
X W D E E Q F A R H A A T Q C Z
O E R E E G O B G E R D Q Q T P
M D V E L L I P F D K Q C H W
H R Q L B I E E O I I E H K P
E A T U O W B R C B N L S W W U
T G E C L V G E B T F D A N B S
A E T P O E E A R E B Z E B O W
T R A P T Q D R R A G R T R C C
I S L Z H M I R V B T C O E X V
G I O X Z I S L A S F E X O B I
O D C W J Z M M N C O E A N D U
C Y R J T R I W D G S P K Z F E
K J E T M L S C W C T I R Y G Y
N V P V C S S E T A T I D E M A
```

BROOD
CONSIDER
DISCARD ✦
DISREGARD ✦
FORGET ✦
MEDITATE
PERCOLATE
REFLECT
THINK

COGITATE
DELIBERATE
DISMISS ✦
FEEL
IGNORE ✦
NEGLECT ✦
PONDER
REVOLVE
WEIGH

Museum

A place where works of art or other objects of permanent value are displayed

```
M E X H I B I T S A R C H I V E
R V I T W N M Y G L I F V N L F
W K M B D Q O A K T S I R U A M
B G O E Y F L I A C Q P K K R D
E N A B D L O Y T Z N O L A S Z
X I A B E E W U R U H K E D A V
H D F R S S P Z N A T Y B N T D
I L Y L U T N O H D R I J B E L
B I V R O R U L S Y A B T B D P
I U R B H E W I D I T T I S K U
T B D T E A T F W P T M I L N F
I A K H R S L R D J A O H O N I
O T V F O U U H A L L D R K N O
N B F K T R A U D J N J V Y R V
F D K V S Y V E I R E G A N E M
Z J R E P O S I T O R Y X D O X
```

BUILDING
EXHIBITION
FOUNDATION
HALL
LIBRARY
REPOSITORY
STOREHOUSE
VAULT

DEPOSITORY
EXHIBITS ARCHIVE
GALLERY
INSTITUTION
MENAGERIE
SALON
TREASURY

Nuisance

An obnoxious or annoying person thing condition practice etc

```
Q K E O Z C C V O E T I T N Q P
Y B X N P A H R Z U U G Y W J K
O E A V O G M E E V Z W C G P O
A H S N N I W U E E L I A R A H
D C P R B R T B B R P D Y V H A
V A E F L Y Y C V Q F U V A T P
A D R D L Q Y C I L Z R Z P L P
N A A D X N J D Y L O N S Q A I
T E T R O F M O C J F G C B E N
A H I D E L I G H T M N Z O H E
G M O Q L Z L J A I D B I T D S
E D N Y F G G Q P M B E B H O S
I A P R Q L A W T I X Z N E O W
Q R U W S P T R Z M D A P R G Y
X M G Z N F S K D P I R D E Q S
P N O I T A R E H T O B V K G S
```

ADVANTAGE ☆
BOTHER
BUM
COMFORT ☆
DELIGHT ☆
DRIP
FRUMP
GOOD HEALTH ☆
HEADACHE

AID ☆
BOTHERATION
CHEER ☆
CREEP
DRAG
EXASPERATION
GADFLY
HAPPINESS ☆
INFLICTION

Occupy
To take or fill up space time etc

Z	F	I	N	T	E	R	E	S	T	Y	U	S	D	W	D
F	U	M	O	N	O	P	O	L	I	Z	E	C	E	U	E
N	O	C	W	C	R	Y	D	J	B	W	A	N	F	C	W
I	O	G	Q	A	O	G	T	W	I	H	L	I	B	V	N
A	R	C	X	L	V	R	K	P	A	J	L	E	E	E	R
T	T	O	P	E	N	G	A	G	E	L	N	I	N	N	E
R	G	M	C	N	R	E	F	U	S	E	P	Q	G	D	J
E	E	U	Y	E	O	W	A	M	U	S	E	I	R	I	E
T	H	O	A	B	S	O	R	B	E	D	J	M	O	V	C
N	K	J	Z	T	Z	C	S	V	A	K	F	M	S	E	T
E	T	Y	G	U	T	E	L	D	K	L	T	E	S	R	T
U	L	T	T	C	V	O	R	C	A	O	A	R	N	T	E
U	P	A	E	Y	V	Q	Y	I	G	T	K	S	D	W	G
K	C	J	S	N	F	D	T	W	T	H	E	E	L	M	R
R	E	U	I	Y	O	B	V	N	O	M	U	M	R	Y	O
T	B	Y	P	U	C	C	O	E	R	P	P	H	V	B	F

ABSORB
BUSY
EJECT ✶
ENGAGE
ENTERTAIN
FORGET ✶
INTEREST
MONOPOLIZE
REFUSE ✶
TAKE UP

AMUSE
DIVERT
EMPLOY
ENGROSS
FILL
IMMERSE
INVOLVE
PREOCCUPY
REJECT ✶
TIRE ✶

Occur
To happen take place come to pass

```
O Q T R I J Y C R O P U P V E J
P O T S K Q T J J O O H H F V J
E D V U I I B W I B Q C D D G Q
T X E F R X X C E T E J T Q N A
R V C O C N E Q J A L H H H C Z
A R A L E Z O U U I L R V T Y R
N E L L N E U U I N E J I B Q A
S K P O S O H H T S J O E S T E
P E E W U E A L U D N H C E U P
I D K Q E S X L W W E I W L G P
R E A F I I T P Y J R V F R C A
E C T J C R B Y A K A X E N K I
Y E W H V A D O N H I D E L E H
H R M A T E R I A L I Z E Q O V
M P K G W Q O M A N I F E S T P
O A F T U R N U P P C V F W H P
```

ACTION
ARISE
DEVELOP
EXIST
HIDE ✦
MATERIALIZE
PRECEDE ✦
STOP ✦
TRANSPIRE
TURN UP

APPEAR
CROP UP
ENSUE
FOLLOW
MANIFEST
OBTAIN
RESULT
TAKE PLACE
TURN OUT

Perception

A ability to see, hear or become aware of something through the senses

```
S R W T X N O I T I N G O C E R
S S E N S U O I C S N O C N U N
L V G S W Q O G N I L E E F T Y
N I I C F C R D S N O A T V N T
B J M D Y V J S C P A P E K E I
K Z A Q R F E O I H T P G N M D
E O G R D N N N I E T R D O G I
K W E Q E C I N L C E O E I D P
A B E R R O X O T N N A L S U U
F T A E N P X I P A T C W S J T
Y W T K G T G T E R I H O E A S
A E Y I K D B O C O O U N R S Q
Q B M M T R P N N N N L K P B O
I F I H U U P Q O G W M N M U Q
B A X R H N D J C I B H W I Q M
H B N O I T P E C N O C S I M C
```

APPROACH
ATTITUDE
CONCEPT
CONSCIOUSNESS
IGNORANCE
IMPRESSION ★
KNOWLEDGE
NOTION
RECOGNITION
UNCONSCIOUSNESS ★

ATTENTION
AWARENESS
CONCRETE ★
FEELING
IMAGE
JUDGMENT
MISCONCEPTION ★
OPINION
STUPIDITY ★

Perseverance

Steady persistence in a course of action in spite of difficulties or obstacles

```
R M T Y M T I D L E N E S S F V
Y N W D V J J G L E T H A R G Y
C R Z A G U W S Z N S M K F P L
N G I M O X I E A O A P W Q G Y
A T Q N E C O U S B P Q U E N E
T L A Z I N E S S K A N L N X C
S M K F J N B C Z C T V Z Y K N
N V X V Y R R T V A H C T G V A
O R L F H X J T A B Y I H A X R
C K I I N D O L E N C E N S U U
Z S S E N K A E W A G I Z I G D
G D M T Y U O E N B M G W V K N
E S U Y I C M E E A A Z G R M E
T Z J H Q R T T T U C U F D B R
F P R G X P G S R K S A Q S H B
Q K E C I D R A W O C I N G U N
```

APATHY ★
CONSTANCY
ENDURANCE
IDLENESS ★
LAZINESS ★
MOXIE
STAMINA
WEAKNESS ★

BACKBONE
COWARDICE ★
GRIT
INDOLENCE ★
LETHARGY ★
SPUNK
TENACITY

Persuade

To prevail on a person to do something as by advising or urging

```
W O E C N E U L F N I E V A O J
T P R E V E N T H V D H D K O Z
V T D K S R X W S P W V K A I T
B P C E D U S H J F I Z T G P B
J T L A H S O R O S Y Q G D L E
S D X C P S E Q E R K H E I H Z
N L T G Q A I C Z E T H A E X Z
Q H G X S X S Y U T C F J C K P
T V J E A M B S L D M I A O E R
E S F Z T O H Q E A N J T N D O
B N I K R K C D F R O I I N L M
T U L L W B X E E L P L W I E P
F U Z H N N S L E R C M T G J T
H W L E P E R A S N F H I E V U
B Z P S O K B Y I R B N U K I E
T R J Z T B P H D I S S U A D E
```

ADVISE	ASSURE
CAJOLE	COAX
DELAY ⭐	DISSUADE ⭐
ENLIST	ENTICE
EXHORT	FAIL ⭐
GET	HALT ⭐
IMPRESS	INCLINE
INDUCE	INFLUENCE
PREVENT ⭐	PROMPT
REPEL	

Pledge

A solemn promise or agreement to do or refrain from doing something

```
G W S A G N I K A T R E D N U A
L V K K U I E C N A R U S S A D
I C O V E N A N T O P O U H H V
T E E T N A R A U G W O V E W J
M N G W B C Y C P I N D A O Z M
E Y A O B O A R F F L L F Z F X
V D K R V R O O M S T J S O B G
R X P D R M E T S H X E F I V S
N N N W I A E A N X P X G H Y V
L L B S L R W Q K E T H T E T E
Z X E R M K E A R W M S J U P S
Q C V B E P C V S G B E A C Y B
G U X S M A E B H J T Q E O O L
Q P M O D U C T D Q Z I P R T T
A Z U W E C A H S I R Q F O G S
I R W Z J O D O E B B Q J R X A
```

AGREEMENT
BREACH ✦
COVENANT
HEALTH
PROMISE
UNDERTAKING
WARRANT

ASSURANCE
BREAK ✦
GUARANTEE
OATH
TOAST
VOW
WORD

Plunge
To cast or thrust forcibly or suddenly into something

```
U O Z I N V E S T M E N T E A B
Y K S O V R C X P L O Z J V H N
D H C W M T E R U T N E V I E C
U N T N E C S E D Q K G J D P R
I D O O A Z U A E E J X G H O S
N K Z I N O S E D I V E U G L D
C R D S S F P O O W S E C I F P
R C K P O R T K O Q E N V H Y M
E X N V D U E A C R L L A F L U
A R M U F D S M P U T W L H L J
S O N G T C Y S M P D F W H E P
E K E J E J R X L I O Q E C B P
L T D N G V Q I W L H P V C B M
Z F T C Q S S H S K U N I F W Y
V T L R Q H O G Q E G P D A S V
T N O I S R E M B U S N A C I G
```

ASCENT ☆
DESCENT
DUCK
FALL
IMMERSION
INVESTMENT
NOSE-DIVE
SPREE
SWOOP

BELLY FLOP
DIVE
DUNK
HIGH DIVE
INCREASE ☆
JUMP
RISE ☆
SUBMERSION
VENTURE

Prejudice

An unfavorable opinion or feeling formed beforehand or without knowledge

```
E N I M R E D N U R I A P M I M
Z Y D Z N K T I G X J A N U G A
I T B H M U M S E T I Q E T E H
S D R B O Z K I Q G B F W V L L
S R R X H E E A H T N A L S S E
L D X A W T S M E P N U I T Q A
P T R A M S Q K R P O O R Z D V
V M U D I U W E R R S A M R I E
I O P S Q A D E E D I T V H A A
T O T W J I J D K G O P R Q B L
I K I C S U N T H W P H S C Q O
A N U P D I B T Y O G Q E W D N
T R O G H V E A D O L H A L X E
E S E C C N W K D F S A I B P F
E D I K L S A P Z L O P F F V E
T E Y D I S T O R T X A Z O Q J
```

- AID
- BIAS
- DISTORT
- HARM
- HINDER
- LEAVE ALONE
- PREDISPOSE
- SKEW
- STRAIGHTEN
- UNDERMINE

- ASSIST
- CURE
- FIX
- HELP
- IMPAIR
- POISON
- PREJUDGE
- SLANT
- SWAY
- VITIATE

Privilege

A right immunity or a special right available only to a particular person

```
C F Q I M M U N I T Y S O D U B
U E M E V I T A G O R E R P Q K
Z N O I S S E C N O C B O J Y A
O M D G E T Z A U T H O R I T Y
P A E S L Y E X E M P T I O N Q
P L E I T K E C N A R D N I H L
O L R Q Z B E N E F I T S J I S
R O F F K D I P B A H N L I I V
T W M H G V T J A O Y X O Z T V
U A L A S U F E R C C D S F M R
N N P B Q P B N E G I F S U G N
I C N B H E H X H R I D B W N P
T E L I C E N S E S D F N A Q A
Y O H Q D N E A D V A N T A G E
P E N T I T L E M E N T R K H S
Q T M I S F O R T U N E V M W C
```

ADVANTAGE
AUTHORITY
CONCESSION
EXEMPTION
HANDICAP ✦
IMMUNITY
LOSS ✦
OPPORTUNITY
REFUSAL ✦

ALLOWANCE
BENEFIT
ENTITLEMENT
FREEDOM
HINDRANCE ✦
LICENSE
MISFORTUNE ✦
PREROGATIVE

Recipe

A set of instructions for making or preparing something especially a food dish

```
L U F A Z P L L M Z U O D E M E
M T N L N D V F T A G O Z U O B
P U G O I P M L P S R Z K X D R
C T P Y I E I S I M U G Y G U C
I Z P R T T N Z E Q Z V O X S S
N P A H O E P K C H U I H R O T
S N O K X C T I E V G N B U P N
T D D M O U E C R X G T W L E E
R M U R J U E D D C Q W V V R I
U X J U E H W N U A S X F W A D
C Z X O M L U Y G R O E G Q N E
T O Z G Y O T V F B E Z R K D R
I P A Z P O P R O C E S S P I G
O G Q M T N E I D E R G N I X N
N B O Q P W T E C H N I Q U E I
S C O M K B C L Y X G U T L T S
```

COMPOUND
INGREDIENTS
METHOD
PRESCRIPTION
PROCESS
RECEIPT

INGREDIENT ✦
INSTRUCTIONS
MODUS OPERANDI
PROCEDURE
PROGRAM
TECHNIQUE

Recite

To repeat the words of as from memory especially in a formal manner

```
J D P W I T H H O L D W S G Y N
T C D Q R K U P B T V P L G X K
E O E Y D R P R N A O E A D B T
R N L Y P C L E N E D R E J Y R
P F I D G I W H N P H F C E L A
R U V O A F C E I E M O N A P R
E S E F U A R A A R M R O J E E
T E R S S T F R L B T M C W R E
N D N K C G J S P C H A N T D L
I Q X Z L R I E X J C V G M D O
T E I U Q E B H E A V E E G E F
P Y P N V C L P L L O N H K C F
E A M E M O A V N I T T T L L P
E L Y P X U V E O I X Y C L A N
K K C Y E N T L O Z M T F R I X
R A G O E T E N P O D Y A R M O
```

ASK
CHANT
CONFUSE ⭐
DELIVER
FAIL ⭐
KEEP ⭐
PERFORM
REEL OFF
REPEAT
WITHHOLD ⭐

BE QUIET ⭐
CONCEAL ⭐
DECLAIM
EXPLAIN
INTERPRET
MENTION
RECOUNT
REHEARSE
REPLY

Recognize

To identify as something or someone previously seen known etc

G	U	M	I	S	U	N	D	E	R	S	T	A	N	D	U
N	M	I	S	I	N	T	E	R	P	R	E	T	S	M	B
Y	O	K	Z	Y	K	C	E	D	E	C	I	T	O	N	P
Q	B	Y	P	D	N	J	E	I	E	T	H	D	X	R	D
F	S	S	M	R	D	L	E	R	F	F	V	V	E	A	I
Z	E	K	R	T	E	N	S	F	I	B	Y	B	T	Y	S
T	R	O	T	R	N	F	R	N	G	H	M	I	J	M	T
E	V	O	W	T	Y	D	G	C	D	E	M	A	H	I	I
G	E	L	F	I	Q	E	N	V	M	D	A	J	K	S	N
R	F	R	C	D	R	Z	U	E	A	E	N	Q	Y	E	G
O	T	E	I	G	N	O	R	E	T	S	I	O	F	V	U
F	H	V	B	J	F	C	Y	R	C	S	E	D	T	I	I
W	D	O	U	D	I	A	G	N	O	S	E	Z	N	E	S
U	U	B	M	C	B	D	G	W	O	N	K	O	K	G	H
T	M	S	U	L	E	V	I	E	C	R	E	P	V	W	P
O	U	M	K	J	A	R	N	E	G	L	E	C	T	I	M

ADMIT
DESCRY
DISTINGUISH
FINGER
IGNORE ✩
MAKE
MISUNDERSTAND ✩
NOTE
OBSERVE
PERCEIVE
SEE

DENY ✩
DIAGNOSE
ESPY
FORGET ✩
KNOW
MISINTERPRET ✩
NEGLECT ✩
NOTICE
OVERLOOK ✩
REMEMBER

Recommend

To present as worthy of confidence or entrust something to or someone

```
E D U A L P P A J A I E E E J A
B M D I S C O U R A G E N T B E
I N W M R I F N O C T C D S D T
R M E D A U S S I D S E O E P A
C E M T C X V F D D E N R T K C
S D U O N X A A M F G S S O C O
E N P V Y H I V S U G U E R A V
R O H H W N Q O M M U R U P B D
P C O F H H E R E I S E N R G A
C V L P V K L D G S A Q L K G M
W J D V Z E H H O P O L O P L E
T C L B J U S T I F Y P C I N J
E C N A V D A I P C P P O C P D
M G X G P S E Q A O W I P R A Z
U A E V C M W D S R D Z T Q P H
B P G A A X W E R J P Y J T Q H
```

ACCLAIM	ADVANCE
ADVOCATE	APPLAUD
BACK	CENSURE ✡
CONDEMN ✡	CONFIRM
DENY ✡	DISCOURAGE ✡
DISSUADE ✡	ENDORSE
FAVOR	JUSTIFY
OPPOSE ✡	PRAISE
PRESCRIBE	PROPOSE
PROTEST ✡	SUGGEST
UPHOLD	URGE

Reduce

To bring down to a smaller extent size amount number etc

```
S Q N W O D E L A C S U M T E X
X H N R N N E H P N E K A E W Q
U C O A I U N D N A P X E T N T
G Z O R B I N C R E A S E L E N
K R I P T A H W Q J E K C D H E
G T O N B E T Q W G M U N E T M
H Z Q W J T N E R M R V W V G I
F E W Y E I T A P T I U O E N L
D N F J Y E L R A G B R D L E P
W W X S X N E I R N I J T O L M
Q U I T E W L N E P W O U P Q O
G L E N O X M E H A S T C Z V C
U N K L D F G S V N U N T T U C
D U Q D O L A S H S I N I M I D
Q M S M D L E E V D L X N G D L
H A X T S V B L N V W L J R Z H
```

ABATE
CURTAIL
CUT DOWN
DIMINISH
ENLARGE ✦
EXTEND ✦
INCREASE ✦
LESSEN
PARE
SHORTEN
TRIM

COMPLIMENT ✦
CUT
DEVELOP ✦
DWINDLE
EXPAND ✦
GROW ✦
LENGTHEN ✦
LOWER
SCALE DOWN
SLASH
WEAKEN

Refuge

A place of shelter protection or safety

```
C V D N R H I D E O U T C G N W
G C Z E O H E R U S O L C Z H D
U W H R O J M S U J U J H P X S
J H F G S Q U O P R E S O R T S
Z I N O P A L B B C E X X R U S
X D L H Z A Y F Z U V A O M Y C
I I U H X N S Y F Q W N V R X R
D N U S Y C A P E R G Z A C T E
S G E U H H S N S H Q U M D A T
W P K B G O T D O S T N Y U E L
L L H M I R H L Z C E C S P R E
R A R A A A D N N V F R J U T H
G C Q N Z G Z A A B E K T C E S
R E C G O E S H I I R C F R R Z
Z E P S E C U R I T Y L O S O Z
S P D T Y Z H I D E A W A Y L F
```

AMBUSH
ASYLUM
ENTRANCE ⭐
HAVEN
HIDEOUT
RESORT
SANCTUARY
SHELTER
STRONGHOLD

ANCHORAGE
CLOSURE ⭐
FORTRESS
HIDEAWAY
HIDING PLACE
RETREAT
SECURITY
SOLID ⭐

Rhyme

Identity in sound of some part especially the end of words or lines of verse

```
L Y H A L F R H Y M E Y B M R S
L N A L L I T E R A T I O N G I
U O F R Q Q L M Y Y Q S B K M B
D M S G E U I O R P P M R N M L
R R I P P T W A O H B O R O E J
L A C R C S E E I K E H E P O M
E H O I E E T M P I A F B S P E
R S U D Y R N G Y Y T M E C Y A
E L P B Y B I U W T B D Q A B S
G A L Q V X W R T U O H L D S U
G R E S P D H Y V J I R Y E N R
O I T C O Y K V E T E Y D N I E
D X Q N T N R H R B K H U C Q W
K M F H T G G A S U Y Q P E T J
M S M T C M M T E G N K W W E V
J K P L H W J B G C L E K U Q Q
```

ALLITERATION
CADENCE
DOGGEREL
HARMONY
METER
POEM
POETRY
RHYTHM
SONG
VERSE

BEAT
COUPLET
HALF-RHYME
MEASURE
ODE
POESY
PROSE ☆
RUNE
TUNE

Rhythm

A strong and regular repeated Pattern of movement or sound

L	S	H	E	H	Z	P	A	T	T	E	R	N	B	B	S
Y	T	I	C	I	D	O	I	R	E	P	T	T	Z	V	I
Y	H	M	O	D	X	L	W	C	A	D	E	N	C	E	Y
T	O	H	M	O	V	E	M	E	N	T	M	E	C	Z	F
I	E	R	T	E	M	Q	E	X	Q	V	P	M	A	C	M
R	T	Q	Q	L	E	P	S	Z	H	W	O	A	D	B	Y
A	A	Y	T	W	N	M	J	D	Y	O	Z	W	E	Y	T
L	E	B	X	P	T	X	Y	P	H	L	E	T	N	E	I
U	B	R	S	Z	M	B	Y	H	K	F	J	Y	C	T	M
G	N	T	I	M	E	T	O	H	R	Z	T	X	Y	K	R
E	W	S	B	T	A	E	E	S	L	U	P	A	G	U	O
R	O	E	O	P	S	E	L	U	W	U	Y	K	G	F	F
A	D	X	U	G	U	W	Q	E	Z	A	L	I	L	T	I
D	I	O	N	B	R	O	M	E	T	E	R	A	Y	O	N
I	J	Z	C	F	E	G	N	I	W	S	C	T	N	L	U
U	H	P	E	R	I	S	E	A	N	D	F	A	L	L	H

BOUNCE	CADENCE
CADENCY	DOWNBEAT
FLOW	LILT
MEASURE	METER
METRE	MOVEMENT
PATTERN	PERIODICITY
PULSE	REGULARITY
RHYME	RISE AND FALL
SWING	TEMPO
TIME	UNIFORMITY

Sacrifice

The offering of some material possession to a deity or give up for the sake of others

C	M	H	I	D	E	A	W	A	Y	Z	C	E	Z	L	A
S	I	I	F	E	Z	R	Z	T	P	C	C	T	F	P	N
L	W	H	L	B	E	O	N	M	E	L	U	E	A	R	E
G	A	P	D	T	U	E	D	X	V	O	Q	Y	N	O	C
S	I	C	R	M	N	A	P	P	E	S	O	P	C	T	N
F	I	E	Q	A	M	E	I	D	V	U	M	T	H	E	A
Y	A	U	M	B	D	Y	I	F	E	R	Y	R	O	C	R
T	J	R	U	I	J	H	T	S	O	E	X	O	R	T	T
C	E	S	E	M	Y	L	P	I	O	R	B	S	A	I	N
P	H	N	O	U	Z	N	H	U	R	L	T	E	G	O	E
G	T	W	T	L	E	Q	A	J	K	U	I	R	E	N	A
S	Z	B	J	Y	D	T	V	G	W	C	C	D	E	X	J
V	U	M	B	S	Z	G	E	O	H	J	B	E	A	S	W
B	O	Z	R	A	C	S	N	H	I	U	N	R	S	A	S
V	I	T	K	Y	R	A	U	T	C	N	A	S	D	S	G
N	R	Z	V	Z	E	J	Y	S	H	E	L	T	E	R	G

AMBUSH
ASYLUM
ENTRANCE ✡
FORTRESS
HIDEAWAY
PERMANENT ✡
RESORT
SANCTUARY
SHELTER

ANCHORAGE
CLOSURE ✡
EXPEDIENT
HAVEN
HIDEOUT
PROTECTION
RETREAT
SECURITY
SOLID ✡

Sincere

Free of deceit hypocrisy or falseness, earnest, genuine

```
S F L I P P A N T O H D J A I O
Y I V T G G I N S I N C E R E D
X X C D L E L U F H T I A F H M
C X W R M E N P R D L L K Y U X
B P A E B T F U B O V A D E D H
U S F A B B B T I Z Q U K H I G
D V U L L O W N R N H T F T L U
I E Y O A E W E E A E C R S A I
E Q C T I M H K F S E A A E V L
T U B E V R E O C U Z H N N N E
P S U Z I U E P O O B B K O I L
F B E I R T T S V I E J N H A E
D R U N T L F T E V Q T V S U S
J R V P R Y U U N E Z W P I P S
U I X K M A D O L D A X E D P M
S D R A O B E V O B A V V I Y F
```

- ABOVEBOARD
- DECEITFUL ⭐
- DISHONEST ⭐
- FAITHFUL
- FRANK
- GUILELESS
- INSINCERE ⭐
- OUTSPOKEN
- SERIOUS

- ACTUAL
- DEVIOUS ⭐
- EARNEST
- FLIPPANT ⭐
- GENUINE
- HEARTFELT
- INVALID ⭐
- REAL
- TRIVIAL ⭐

Species

A number of persons or things that are grouped together because they have something in common

```
K L C O P L I D A V H S G S M U
O R D E R X A P S P G Q J U Z T
T R T R H Z C F O W I E Y Y S H
T I E Y F U O A E N N W N G Y E
A X B N P E Q S U T C V H R M J
L J C K N E D T L G I Z R Z E W
G T P C I A R I J Z E D P C A
M A D K Y N M I K B H E M V W Q
V S B I B Y D P E T E Z K Y V E
A T M D P G J E A R W H O L E U
R R I N F W J E B K L T A I C S
I A L E E E F Z Z I R G Y V F M
E I K Y C X N S D O W N Z X T M
T N I D K C P Q S O A F Q T C E
Y N A T U R E Q S Q C L A S S R
T D E S C R I P T I O N P M L H
```

BREED
DESCRIPTION
GENRE
KIDNEY
LIKE
NATURE
SORT
STRIPE
VARIETY

CLASS
FEATHER
ILK
KIND
MANNER
ORDER
STRAIN
TYPE
WHOLE

Spice

Something as a spice or herb that adds an interesting taste to food

```
T N Q F X I N S I P I D I T Y H
I H U F R M D A O E M U F R E P
J M J J L A B E E L Z A W Y Q F
A Z S J J A G V I S S I Z L N R
R R V S L W V R T N S O E D P A
A M O M E N O O A B C E Z Q S G
C K W V T N R S R N U E N Y H R
I C J S A E E E P I C D N C V A
N U F H O L U M D I N Y M S E N
E W B Q B V F Q A O C G V Z E C
S L X I L S F L U S L I M W D E
S G F A C R O D O O Y E N O E V
R N M E P U H A E H B V N E O Z
O B N G N I N O S A E S A C S V
K T R W N J P L A T I T U D E S
A A G N R S S E N D N A L B I E
```

BALM
BOUQUET
FLAVOR
FRAGRANCE
INCENSE
ODOR
PLATITUDE ⭐
REDOLENCE
SCENT
SPICINESS

BLANDNESS ⭐
ESSENCE
FLAVORING
FRAGRANCY
INSIPIDITY ⭐
PERFUME
RACINESS
SAMENESS ⭐
SEASONING

Sufficient
Adequate for the purpose enough

E	W	I	N	A	D	E	Q	U	A	T	E	T	Y	A	G
I	L	R	E	G	N	I	K	C	A	L	B	T	V	J	P
P	U	B	V	L	Y	I	I	V	G	M	N	S	A	H	U
C	D	J	A	S	B	R	S	L	Z	E	N	L	G	Y	Q
T	R	W	L	T	P	A	U	Z	L	O	Y	Q	R	W	T
N	Y	L	B	M	R	F	T	P	Z	T	L	G	E	K	A
L	D	W	E	X	I	O	A	P	H	J	P	N	E	T	P
E	R	K	E	T	G	W	F	M	E	J	S	M	A	O	P
G	C	U	N	W	U	K	Z	M	X	C	K	W	B	L	R
C	N	E	M	I	Z	E	P	O	O	R	C	N	L	E	E
W	L	I	D	D	L	N	G	I	H	C	Q	A	E	R	C
P	M	A	T	P	D	E	F	I	C	I	E	N	T	A	I
Z	I	Q	M	N	T	A	L	L	R	I	G	H	T	B	A
Q	P	A	K	D	A	A	H	P	A	X	D	Z	L	L	T
C	Z	R	Q	E	R	W	U	Q	B	N	A	O	U	E	E
U	F	W	R	E	G	A	E	M	R	B	R	R	H	A	I

ACCEPTABLE
ALL RIGHT
APLENTY
COMFORTABLE
INADEQUATE ✦
MEAGER ✦
POOR ✦
WANTING ✦

AGREEABLE
AMPLE
APPRECIATE
DEFICIENT ✦
LACKING ✦
PLENTIFUL
TOLERABLE

Symptoms

Physical and mental feature which is regarded as indicating a condition of disease

```
V V I S F Y G L I M P S E S J I
I Z G I S S C I T S O N G A I D
N H D S E C Z N G P Q S O D U C
D C Y T C S L I P G D X H I H S
I B C I N G R U B A I K S W K W
C K P A E N Q Q E W Z I F R Z C
A G R R D I C L A S G E A G S C
T L O T I L U Y Q N A M H V E L
I I P Z V K E K S T L H I F I F
O M E M E N S Q U L E S N N T P
N M R S Q I V R A W G V T W I K
S E T M M X E H B V G T S R L B
H R I Y U S X Z N D N B H F A H
N S E S U G G E S T I O N S U O
N L S D E N O T A T I O N S Q E
M X P S N O I T A M I T N I C P
```

CLUES	CUES
DENOTATIONS	DIAGNOSTICS
EVIDENCES	FEATURES
GLIMMERS	GLIMPSES
HALLMARKS	HINTS
INDICATIONS	INKLINGS
INTIMATIONS	LEADS
PROPERTIES	QUALITIES
SIGNS	SUGGESTIONS
TRAITS	

System

A method worked out in advance for achieving some objective or procedure for doing something

```
X L R J G R O U N D P L A N I F
P S N O I S U L L O C O R C R P
T P G K Z A Q P S H X E A A R X
H R O M Z Z P A R T D R C O O F
X O C N J G P I G R R T J S M M
O G R T Y G B S O A I E J T A O
N R O M C Y F S N O C C E R S H
W A A Z G A I G N T O G I A T N
E M D C A D E U G N X U V T E U
M S M A M M B C S F G A H E R T
E G A M E M J P F F N B F G P X
H I P N P Z I N G I S E D Y L T
C H T Q L R F P Z N J C X P A B
S S B E A P L O V N A L P K N M
J B Q C N O T N I R P E U L B R
Q D Y X T T B V V Z A A H S Z U
```

ARRANGEMENT
COG ⭐
CONSPIRACY
DISORDER ⭐
GAME
GROUND PLAN
PART ⭐
PLOT
PROJECT
SCHEME

BLUEPRINT
COLLUSION
DESIGN
FRACTION ⭐
GAME PLAN
MASTER PLAN
PLAN
PROGRAM
ROAD MAP
STRATEGY

Through
Along the way of and in or into the middle of

```
C K J U N F I N I S H E D X C T
E D V J D E H S I N I F D X R S
Z G N I P P O T S O I L B A E O
H K P M A Z Y B J N S D W P V K
R A H V C L X U C S H H G H D T
G Z H O H H S O I X T L U Z G H
V I A J C S M N Y A C R O S S R
T D N W R P I H P U N D O N E O
G E U D L F G N I O G N O G Z U
N D H E I D H K R Q H Q R W Z G
I N T G I R T E U E D D S Z A H
D E V M X Z E E B W V U Y C O O
N D I M A C E C K L H O R M V U
E M I D S T M U T D N P O I Y T
P U C O N C L U D E D I Q N N E
N P W I I E T E L P M O C N I G
```

ACROSS
ATHWART
CONCLUDED
ENDED
FINISHED
INDIRECT ⭐
MIDST
OVER
STOPPING ⭐
UNDONE ⭐

AMID
BY
DURING
FINIS
INCOMPLETE ⭐
MID
ONGOING ⭐
PENDING
THROUGHOUT
UNFINISHED ⭐

Throw

To send through the air especially with a quick forward motion of the arm

S	F	S	D	K	H	E	I	Y	U	L	G	I	N	E	A
O	V	H	H	W	X	H	C	C	H	Z	L	S	T	E	B
C	A	G	K	E	P	G	D	R	F	N	S	T	M	U	O
M	C	E	E	O	A	E	B	L	O	E	W	C	N	S	W
F	E	U	Y	I	S	V	I	K	R	F	J	T	D	G	J
P	I	H	H	D	D	P	E	P	H	I	F	Z	E	T	K
X	H	W	U	R	P	K	E	P	H	C	Z	Q	L	C	J
R	S	Y	R	I	U	R	H	H	O	N	V	R	I	E	O
E	U	W	L	V	T	W	C	E	C	Y	D	R	V	L	A
C	P	W	Z	E	T	F	I	L	R	T	L	T	E	L	I
E	E	D	A	U	S	S	I	D	S	I	I	O	R	O	Y
I	E	S	F	A	S	H	O	V	E	A	F	P	B	C	S
V	T	C	L	L	V	U	K	C	I	A	M	X	X	F	T
E	Q	D	L	O	H	H	S	E	R	E	H	T	A	G	O
O	A	U	Q	F	L	I	N	G	E	S	K	B	R	U	P
K	P	O	J	C	M	S	E	N	D	W	V	E	O	U	W

BUNT
DELIVER
DRIVE
FLING
FORCE
HEAVE
HURL
LIFT
PITCH
PUSH
RECEIVE
SEND
STOP ✡

COLLECT
DISSUADE ✡
FIRE
FLIP
GATHER
HOLD ✡
KEEP ✡
LOB
PULL ✡
PUT
REPRESS ✡
SHOVE

Variety

An unorganized collection or mixture of various things

```
Y T I R A L I M I S S C V R D Q
M W F T N E M T R O S S A M W C
F D E V G G T N E M E E R G A E
V L W Y U Y T I S R E V I D O C
A I N T M D T S O G Y O Q C V O
R K E I X I D I S S P C D Q Y L
I E S M Y H X I R E Y W V L L L
O N S R Y M R T V A N A Q R S E
U E J O C C D Y U E L E R I F C
S S A F M J P Y Y R R I M R N T
N S H I P P T G V U E S M A A I
E C U N L I V Z U G D I I I S O
S P T U C D B F D A X W I T S N
S D U U O J L E G N A H C Y Y R
L K A A S S O R T M E N T S T P
G P I Y S S E N E S R E V I D Z
```

AGREEMENT　　　　　　　　　ARRAY
ASSORTMENT　　　　　　　　CHANGE
COLLECTION　　　　　　　　DIVERSENESS
DIVERSITY　　　　　　　　　FEWNESS ⭐
LIKENESS ⭐　　　　　　　　MIXTURE
PAUCITY ⭐　　　　　　　　SAMENESS ⭐
SIMILARITY ⭐　　　　　　　UNIFORMITY ⭐
VARIOUSNESS

Vehicle
Something used to carry goods or passengers

```
G I N S T R U M E N T A L I T Y
O Z E T N S D D M A A B M M Q Z
Q F W G N D N O C J G G E J T N
A C F X P M E D I U M E R R J O
S O A A U F Q A G M U N A O T I
F I W R C T U A O L E N I H P T
Y J M J R V T R A S S A A A A A
C W O Q I I M V L P X U N K N T
N N E G W V E I O Q L F L S I R
E R E V O M V R N E B J B S E O
G P Z T R E T H R I S K N R G P
A O L X B T N E G A S A W S H S
E C N A Y E V N O C R T M H X N
I N S T R U M E N T G L R K M A
I V M A C H I N E R Y Q V Y U R
W G M D Z A U T O M O B I L E T
```

AGENCY
AUTOMOBILE
CONVEYANCE
GOAL ✫
INSTRUMENT
MACHINERY
MEDIUM
MOVER
TRANSIT
TRANSPORTATION

AGENT
CARRIER
END ✫
HAULER
INSTRUMENTALITY
MEANS
MINISTRY
ORGAN
TRANSPORT

Weird

Different from the ordinary in a way that causes curiosity or suspicion

X	P	I	J	C	I	T	A	R	R	E	Z	D	H	W	C
B	G	W	G	R	Y	K	O	S	T	F	S	M	X	V	U
I	S	T	A	N	D	A	R	D	U	O	Q	P	V	U	R
Z	C	P	J	C	I	R	T	N	E	C	C	E	S	B	I
A	F	F	A	I	E	D	K	P	G	S	B	U	K	J	O
R	K	O	O	K	Y	Y	J	Z	L	F	A	Y	V	I	U
R	O	Q	P	F	A	R	O	U	T	L	N	L	J	O	S
E	H	L	O	U	Y	T	O	Y	P	N	N	L	Z	X	O
B	E	E	Y	Z	A	R	C	R	U	O	A	G	F	W	C
R	G	N	C	C	Y	P	K	F	R	M	L	O	S	T	I
Y	S	U	I	K	R	S	N	N	R	A	T	T	R	Y	A
W	Y	P	N	T	E	A	O	O	P	E	Z	R	N	P	S
S	H	I	W	F	U	Q	N	U	O	N	N	I	F	I	O
D	K	B	E	I	V	O	A	K	K	V	L	O	B	C	R
Y	Y	R	A	N	I	D	R	O	Y	N	M	B	K	A	P
H	P	E	L	B	A	K	R	A	M	E	R	N	U	L	S

BIZARRE   BIZARRO
CRANKY   CRAZY
CURIOUS   ECCENTRIC
ERRATIC   FAR-OUT
FUNKY   FUNNY
KINKY   KOOKY
NORMAL ☆   ORDINARY ☆
PROSAIC ☆   ROUTINE ☆
STANDARD ☆   TYPICAL ☆
UNREMARKABLE ☆   USUAL ☆

Wired

Strengthened or supported with wires and as in nervous anxious

V	V	S	E	X	B	U	F	D	W	N	P	D	O	P	P
Y	D	R	I	Z	B	H	E	U	Y	M	F	E	K	N	N
D	K	X	I	B	C	S	Y	S	V	M	X	L	M	E	P
G	B	C	I	P	O	P	E	P	R	D	Q	B	D	R	Y
P	N	C	U	P	S	R	O	X	E	Y	J	A	E	V	T
R	U	T	M	L	E	D	J	D	N	D	P	C	B	O	G
X	E	O	H	N	M	O	Q	E	E	D	U	M	R	U	H
H	C	A	E	W	N	T	K	N	K	V	H	P	U	S	O
Y	Y	N	Y	M	U	O	V	I	Z	Y	P	Q	T	J	O
T	R	X	R	L	P	Z	N	L	P	P	E	L	R	P	K
E	E	I	E	F	P	S	Y	E	F	D	I	I	E	Z	E
I	H	O	T	B	S	G	R	G	A	B	K	B	P	O	D
L	T	U	T	G	O	C	G	S	D	H	Y	W	Z	D	U
W	I	S	I	D	I	C	A	L	P	E	B	B	X	M	P
N	D	M	J	I	A	V	T	R	A	N	Q	U	I	L	Y
F	Y	Q	T	P	A	C	I	R	C	U	I	T	E	D	U

- ANXIOUS
- CIRCUITED
- DITHERY
- HET UP
- HYPED-UP
- JITTERY
- LINED
- NERVY
- PLACID ☆
- TRANQUIL ☆
- CABLED
- COMPOSED ☆
- EDGY
- HOOKED UP
- HYPER ☆
- JUMPY
- NERVOUS
- PERTURBED
- SERENE ☆

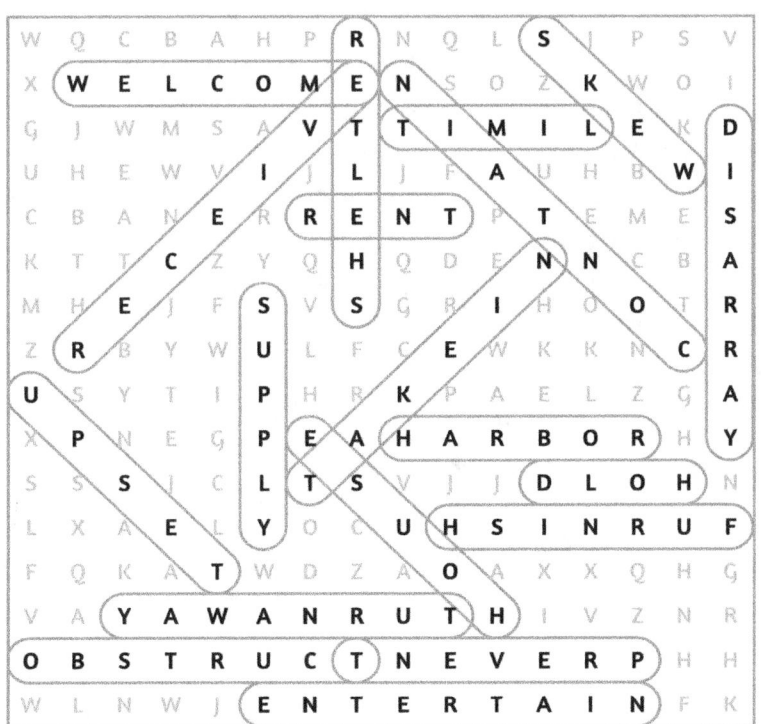

Ancient - Solution

Awkward - Solution

Bargain - Solution

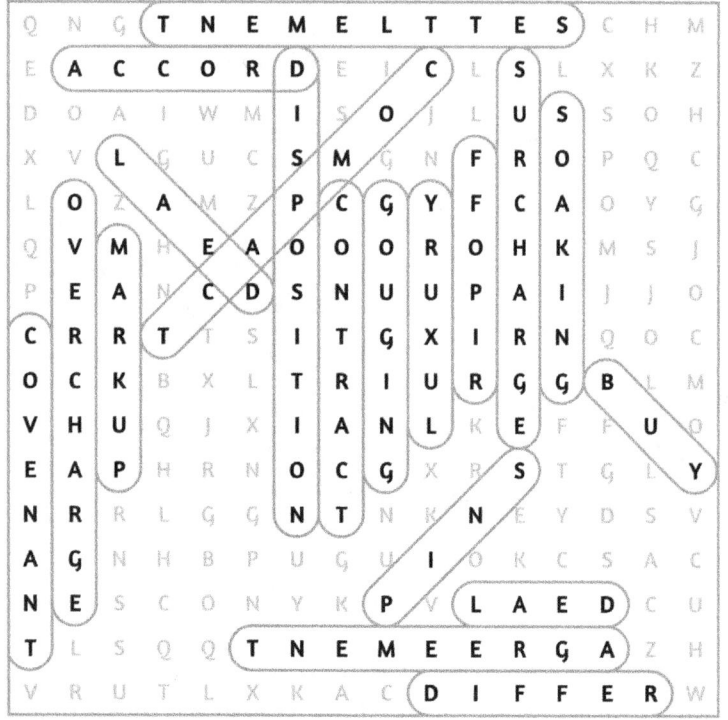

Bruised - Solution

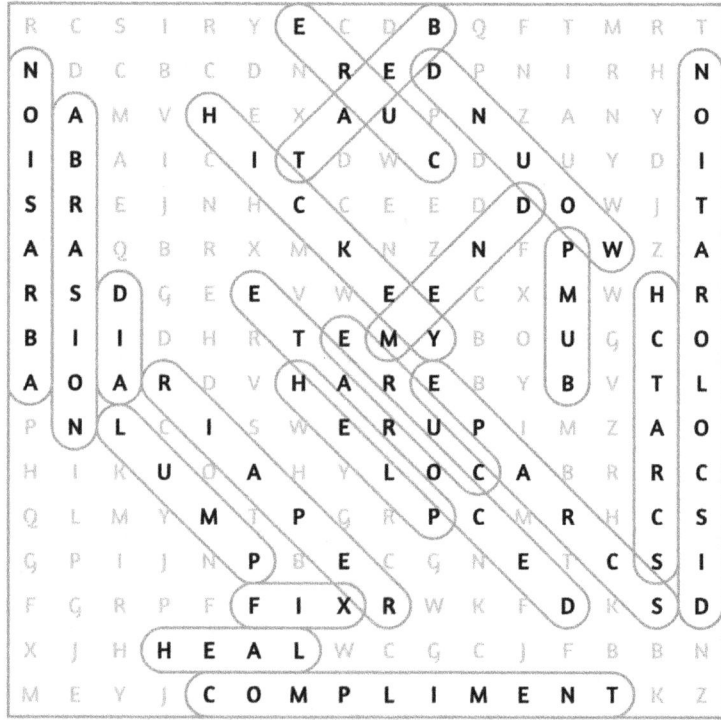

Condense - Solution

Conscience - Solution

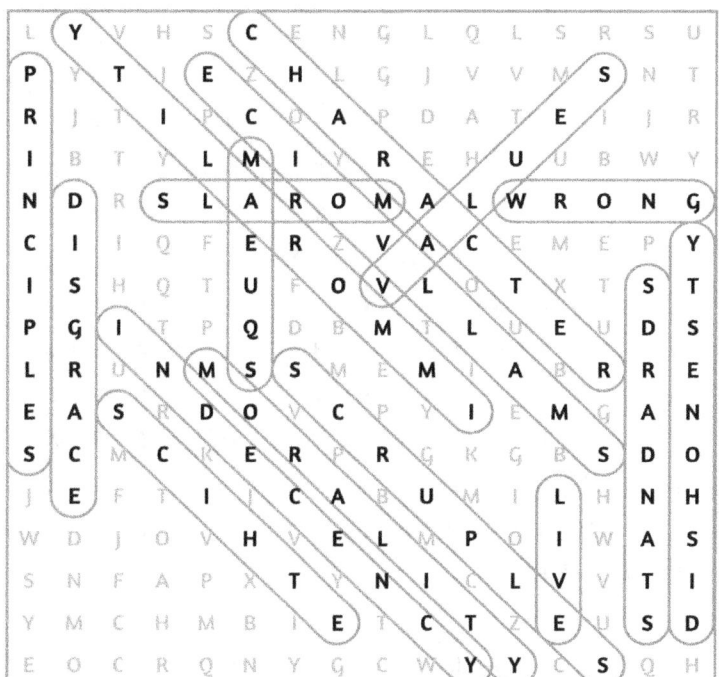

Condescend - Solution

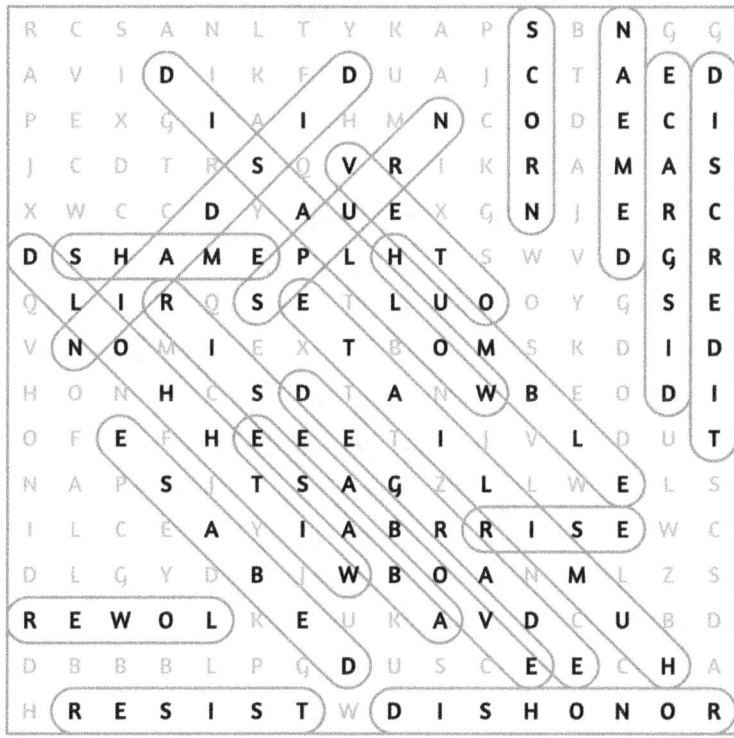

Conscious - Solution

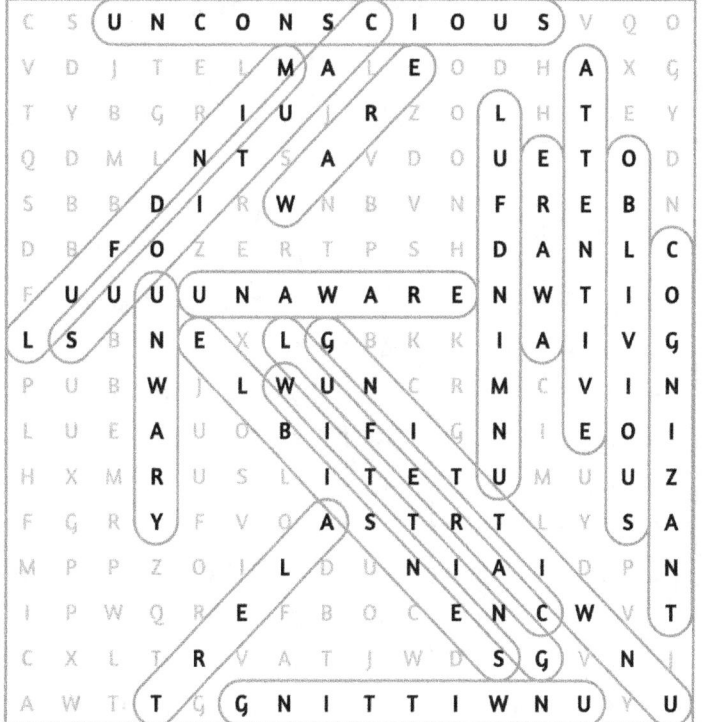

Controversy - Solution

Convenience - Solution

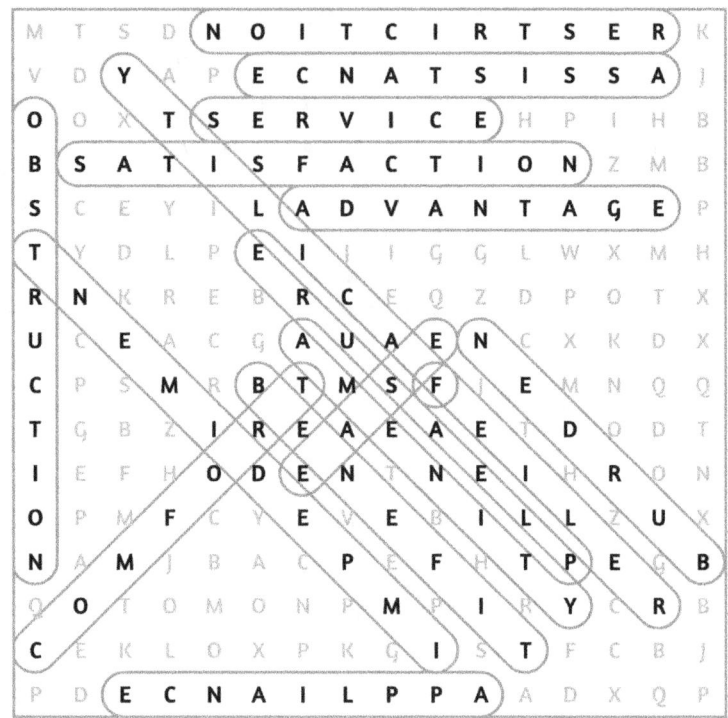

Correspond - Solution

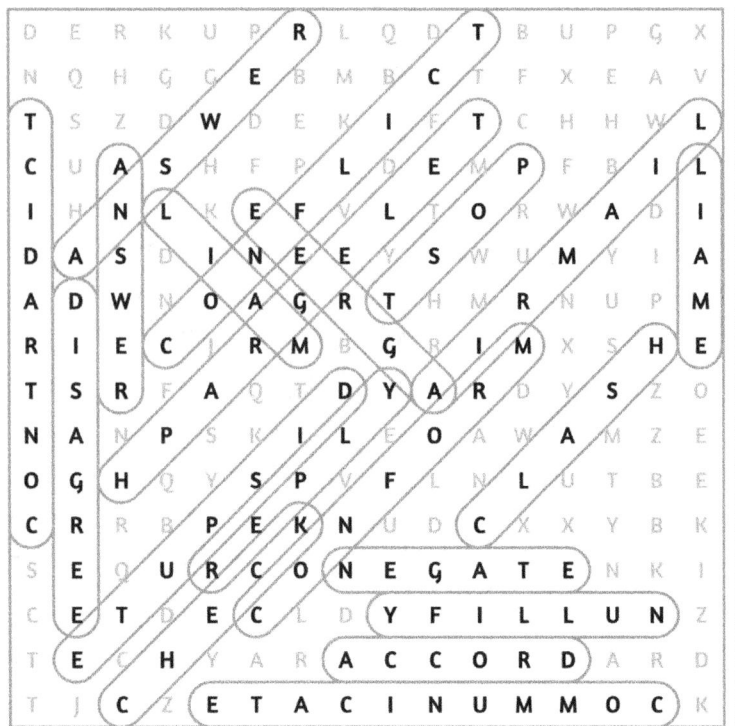

Criticize - Solution

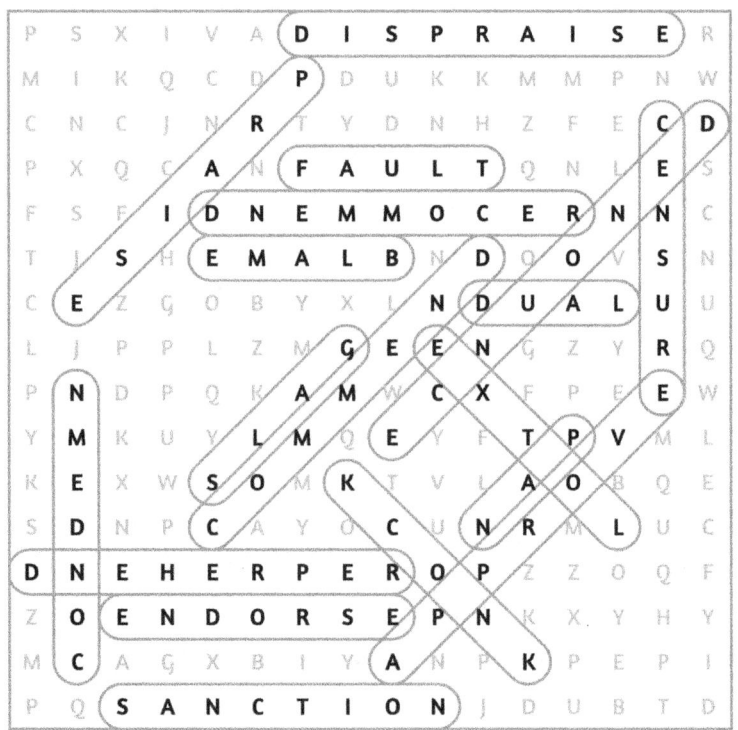

Cue - Solution

W	V	L	M	F	G	N	C	E	C	T	I	M	N	X	Z
C	V	Z	M	V	T	I	G	C	C	L	T	D	A	H	Z
E	F	Y	N	E	N	L	A	I	Q	S	U	F	J	G	J
L	H	S	C	O	N	L	Y	Z	S	I	K	E	V	G	Y
A	X	D	M	T	T	O	R	H	G	D	F	M	Y	E	K
R	N	E	L	J	T	N	T	N	F	E	R	F	K	X	Q
G	N	Z	D	L	T	J	I	I	F	A	I	T	X	V	R
M	Q	I	G	D	E	T	O	H	O	S	D	G	C	D	E
A	H	H	O	G	P	A	M	B	G	N	Q	O	R	H	M
V	G	R	U	M	A	D	D	O	D	N	E	U	N	N	I
V	P	N	O	I	T	A	M	I	T	N	I	T	W	E	N
A	B	R	R	K	C	Y	X	K	Z	U	W	L	F	H	D
F	P	M	S	M	P	P	R	O	M	P	T	C	K	F	E
G	W	F	U	W	C	A	T	C	H	W	O	R	D	N	R
F	F	U	S	U	G	G	E	S	T	I	O	N	A	K	I
J	O	Z	W	N	N	O	I	T	A	C	I	D	N	I	D

Deceased - Solution

E	G	N	I	V	I	L	K	N	F	L	G	D	G	B	X
X	T	C	S	R	R	B	M	O	Y	L	E	V	I	L	T
I	J	H	Y	E	D	R	R	U	M	W	A	J	Q	C	N
S	N	D	L	O	C	M	Q	Q	H	D	F	S	G	S	Q
T	X	Y	L	N	E	J	U	H	F	F	K	S	C	R	D
I	P	P	U	R	O	E	V	I	L	A	Y	E	F	J	E
N	E	S	T	A	I	D	B	A	X	M	P	L	M	R	T
G	X	T	H	N	N	V	E	M	Y	T	Z	E	V	H	R
J	P	N	R	R	E	I	D	S	W	C	A	F	N	L	A
U	I	A	I	L	C	S	M	P	S	V	N	I	R	B	P
D	R	R	V	K	A	U	E	A	G	A	K	L	O	K	E
F	E	B	I	M	M	T	N	R	T	S	P	R	A	R	D
Z	D	I	N	U	D	P	E	E	P	E	N	M	U	B	Y
P	F	V	G	L	K	D	E	H	S	I	N	I	F	V	I
P	T	Q	Q	E	N	O	G	P	P	T	A	Y	M	A	R
U	K	L	T	S	T	B	R	E	A	T	H	I	N	G	O

Curiosity - Solution

A	Q	R	S	A	S	N	O	O	P	I	N	E	S	S	M
K	G	I	L	S	P	D	F	V	Z	S	A	Z	Y	T	R
T	N	N	R	Y	E	Y	D	R	A	G	E	R	S	I	D
S	I	T	A	S	H	N	I	D	U	Y	N	Q	S	O	F
E	N	E	T	M	E	T	I	N	U	F	W	Y	R	T	U
R	O	R	A	S	I	A	A	S	Q	W	T	X	W	N	N
E	I	F	D	U	Z	Q	R	P	O	U	Q	V	H	E	C
T	T	E	Q	R	R	H	W	C	A	N	I	B	G	M	O
N	S	R	H	F	A	D	E	G	H	L	D	R	B	R	N
I	E	E	I	F	S	T	N	N	Y	I	X	T	Y	E	C
S	U	N	R	Z	Q	R	L	I	G	K	N	X	O	D	E
I	Q	C	G	E	E	Y	R	P	P	W	S	G	C	N	R
D	W	E	X	C	T	H	X	O	E	G	Y	P	Q	O	N
B	M	W	N	W	V	N	Y	O	G	P	T	T	O	W	K
Z	V	O	U	S	O	Z	I	N	Z	B	P	G	G	S	O
T	C	C	L	D	D	M	Y	S	U	C	Z	G	L	Z	K

Definite - Solution

E	G	J	U	E	G	R	R	K	Z	G	H	Z	E	Q	Q
T	L	I	N	M	E	A	S	U	R	E	D	Y	V	V	A
A	R	Y	Y	V	K	F	W	R	A	N	C	D	F	N	D
N	J	A	G	M	I	O	Q	L	S	E	X	B	U	E	S
I	S	W	R	N	K	D	U	T	I	R	R	F	S	D	M
M	F	X	I	Q	B	F	E	K	W	A	H	I	T	E	D
R	V	T	L	P	I	O	U	L	Z	L	C	S	V	I	D
E	E	Z	R	T	H	X	U	N	I	E	V	R	I	F	E
T	P	K	N	D	E	C	B	N	R	A	D	R	P	I	G
E	D	E	U	E	U	I	O	P	D	E	T	D	W	L	R
D	L	O	B	T	G	L	A	P	D	L	S	E	Q	A	A
P	C	J	R	I	A	F	Q	N	I	T	E	W	D	U	L
A	F	I	A	M	V	T	A	F	S	O	G	S	N	Q	N
N	B	F	Q	I	F	P	K	J	X	X	U	O	S	Q	E
L	V	K	U	L	X	O	U	C	Y	E	V	S	R	L	A
E	U	Y	D	E	A	E	S	C	A	L	A	T	E	D	H

Desperate - Solution

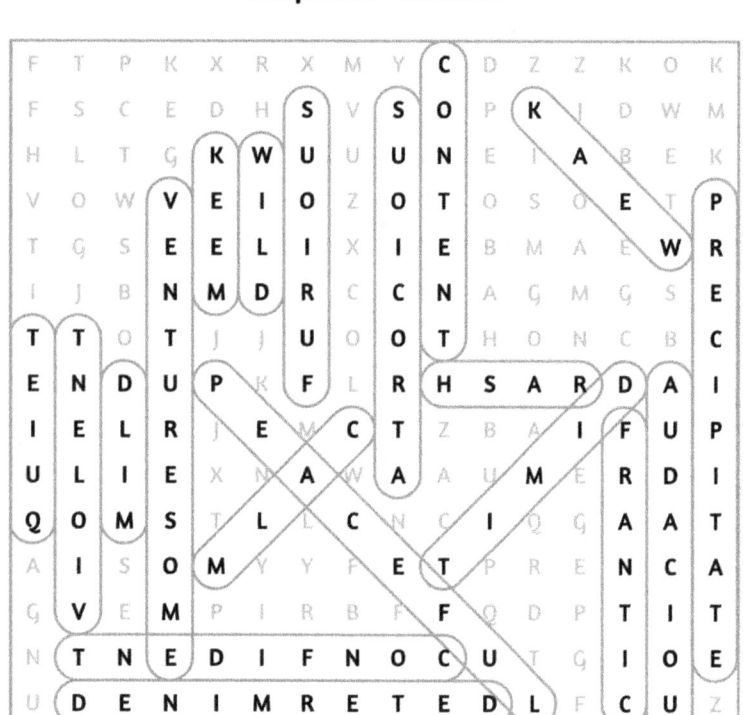

Exaggerate - Solution

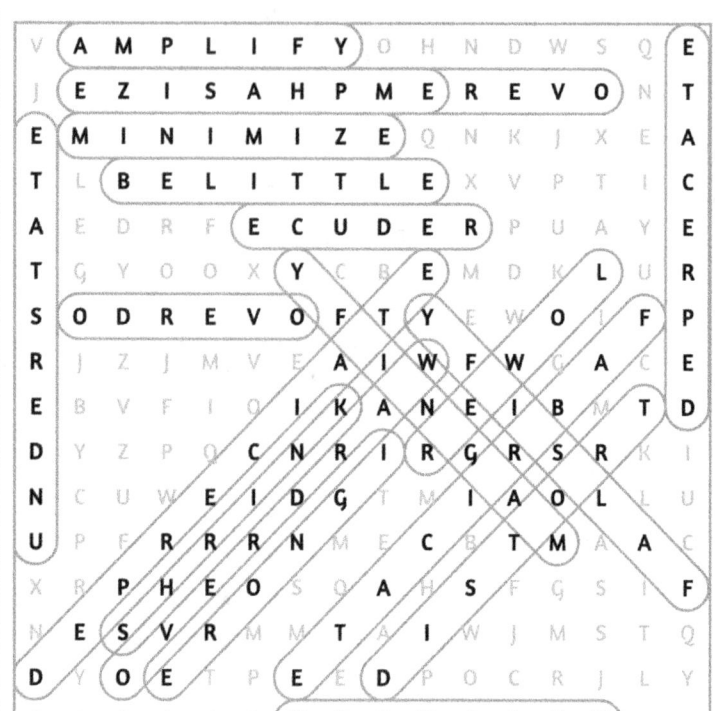

Disease - Solution

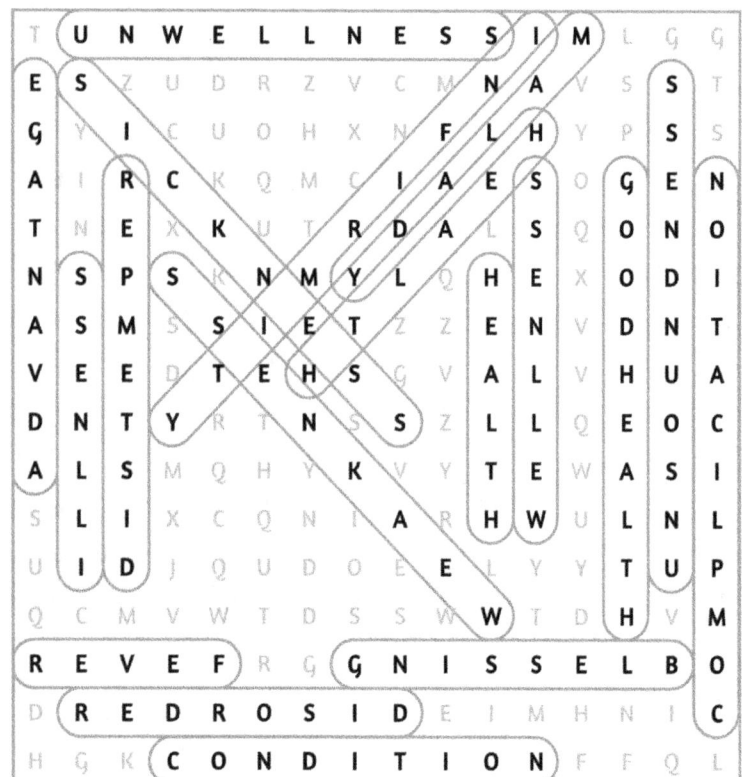

Excellent - Solution

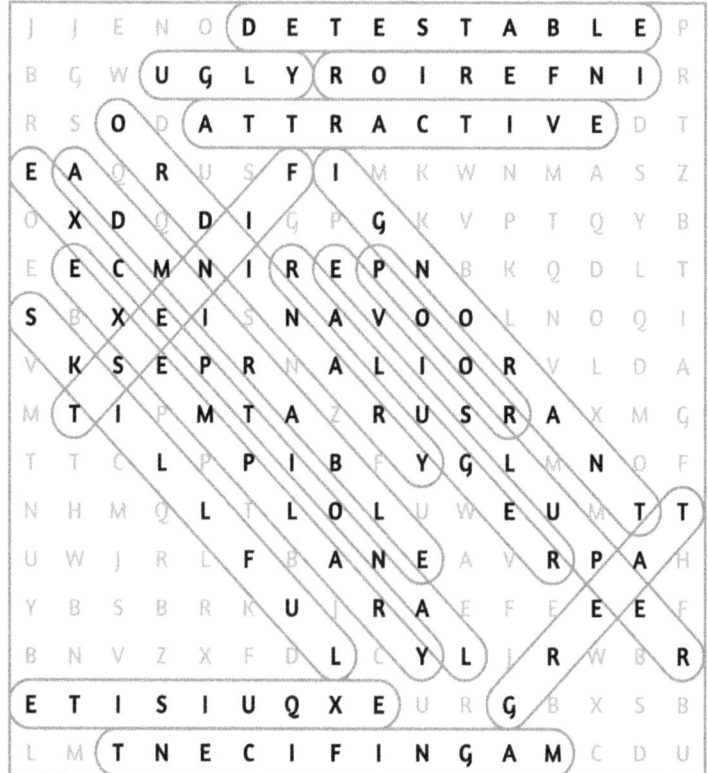

Except - Solution

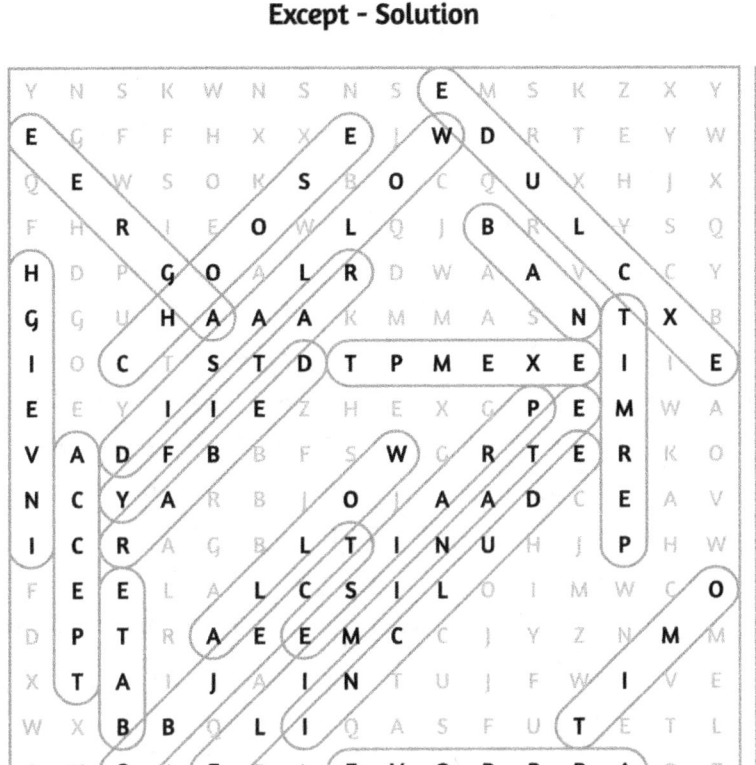

Fancy - Solution

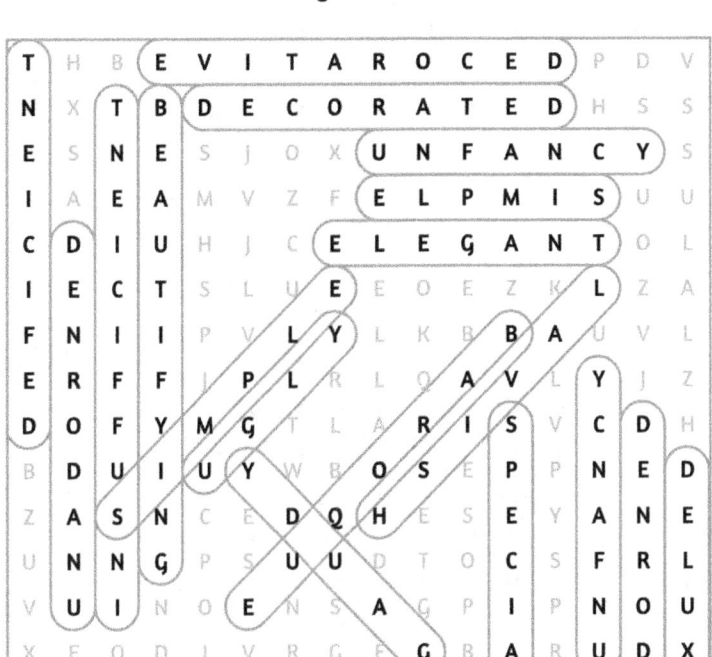

Existence - Solution

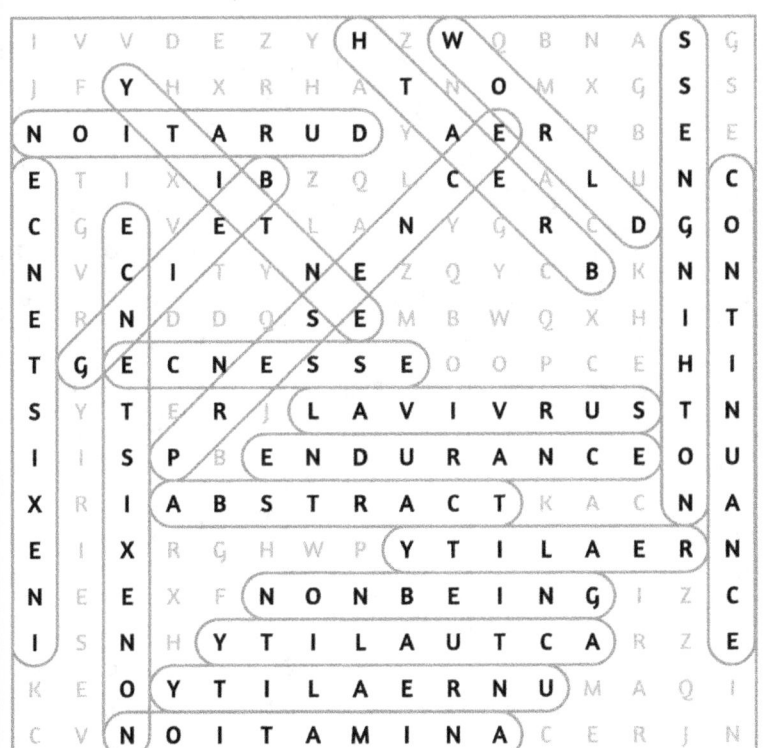

expect - Solution

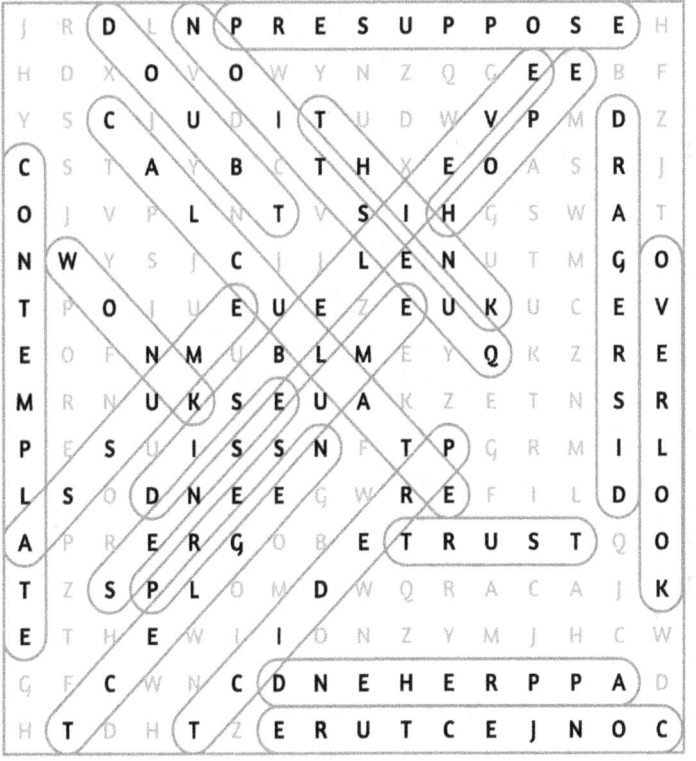

Foreign - Solution

N	E	X	T	R	I	N	S	I	C	R	P	T	O	K	X
H	D	U	A	F	R	T	V	P	F	E	Q	W	V	L	S
V	S	B	S	U	O	E	N	A	R	T	X	E	E	A	N
M	A	F	J	G	N	Z	M	O	M	E	U	J	R	N	Y
W	N	Q	X	H	E	I	H	Q	X	E	K	I	S	O	N
T	T	U	N	S	L	S	I	T	S	S	N	O	E	I	X
R	I	D	C	I	F	N	R	T	U	T	H	E	A	T	E
A	P	T	A	F	I	A	R	P	R	Q	X	P	S	A	T
I	O	R	O	K	L	A	Z	I	E	I	B	Y	V	N	R
L	D	N	W	O	N	K	N	X	L	N	C	S	E	B	H
I	A	D	C	G	Y	S	T	E	A	S	E	R	L	D	Z
M	L	A	E	U	I	E	D	T	N	X	E	W	A	J	R
A	L	D	F	C	R	W	I	L	J	H	T	J	C	P	C
F	Q	K	R	N	T	V	Y	P	N	P	N	I	O	B	G
N	H	W	A	M	E	H	N	I	C	U	N	K	L	A	I
U	Y	L	H	B	A	R	B	A	R	I	A	N	G	Q	I

Harass - Solution

V	R	A	E	W	T	U	O	H	P	Y	N	Z	C	A	C
O	L	H	H	L	E	Q	M	K	F	Y	E	I	L	J	Q
T	A	R	Q	L	X	I	U	F	R	S	P	Y	A	I	Z
E	D	E	L	I	G	H	T	H	A	R	W	J	J	R	V
Z	A	W	L	K	Q	D	X	E	Z	J	S	X	C	Z	D
I	S	Z	E	P	E	A	L	J	Z	F	T	A	J	B	H
L	E	B	X	X	L	P	B	P	L	E	L	E	T	A	T
A	T	T	U	E	E	F	O	V	E	M	R	B	B	N	J
T	I	E	R	S	L	S	E	F	A	T	I	G	U	E	W
I	Y	T	A	O	T	Z	R	T	U	O	H	S	A	W	D
V	D	A	S	C	L	J	K	N	O	C	K	O	U	T	E
L	E	V	S	V	M	S	G	N	I	O	D	X	E	S	B
A	R	I	I	R	E	R	A	D	O	U	P	A	P	I	X
B	I	T	S	O	E	O	F	Z	T	U	O	N	R	U	B
U	T	C	T	J	V	B	B	C	E	X	H	A	U	S	T
Q	H	A	C	C	X	E	N	C	O	U	R	A	G	E	H

Frequently - Solution

R	M	Z	T	W	S	E	M	I	T	E	M	O	S	G	T
B	F	E	N	E	T	F	O	F	W	I	D	X	N	C	X
Z	Y	L	T	N	A	T	S	N	O	C	O	Y	X	R	O
C	G	T	Y	Y	Y	F	T	V	Q	O	X	U	B	E	U
O	E	T	L	S	L	L	W	B	H	R	H	S	L	P	F
N	S	I	T	R	E	R	L	Q	I	G	C	F	J	E	F
T	K	L	N	Q	S	M	A	A	H	A	T	E	M	A	U
I	Y	S	E	J	E	M	I	L	R	C	E	A	H	T	N
N	E	V	U	Z	L	O	C	T	U	E	N	A	H	E	C
U	R	B	Q	U	D	D	O	Q	N	G	N	T	A	D	O
A	X	A	E	V	O	L	O	Z	H	E	E	E	T	L	M
L	L	G	R	X	M	E	H	D	K	N	T	R	G	Y	M
L	P	B	F	E	U	S	B	D	K	G	W	F	D	B	O
Y	X	W	N	F	L	A	V	V	V	U	M	K	O	F	N
F	D	L	I	R	W	Y	J	J	E	X	V	C	E	I	L
K	J	X	O	V	E	R	A	N	D	O	V	E	R	W	Y

Harbour - Solution

O	J	K	U	Q	S	S	B	N	Z	Q	Z	T	S	V	X
E	Y	R	J	H	U	I	O	D	R	A	C	S	I	D	G
T	B	O	P	E	G	D	H	B	T	I	R	Q	M	I	N
L	A	Z	Q	H	N	X	D	L	R	H	D	T	N	A	I
G	U	K	T	A	K	F	G	B	O	X	C	C	R	N	R
T	T	D	B	V	E	Q	A	E	P	E	O	H	O	I	O
D	C	A	O	S	T	S	S	U	J	V	G	M	C	R	O
D	R	N	U	C	I	C	W	E	E	V	N	O	S	A	M
R	E	F	V	N	K	L	R	T	O	A	I	O	C	M	K
O	E	R	C	Y	R	F	Q	V	J	E	A	R	J	E	N
R	K	C	H	L	O	J	A	S	B	B	D	A	L	A	H
L	J	V	U	H	P	V	E	I	A	S	S	G	U	X	U
U	E	N	I	L	C	E	D	R	Y	G	I	E	M	N	P
F	R	H	J	C	E	R	U	J	B	A	D	N	V	V	E
A	V	G	N	P	R	F	R	N	E	G	L	E	C	T	W
Z	H	O	V	E	R	L	O	O	K	X	P	I	W	I	D

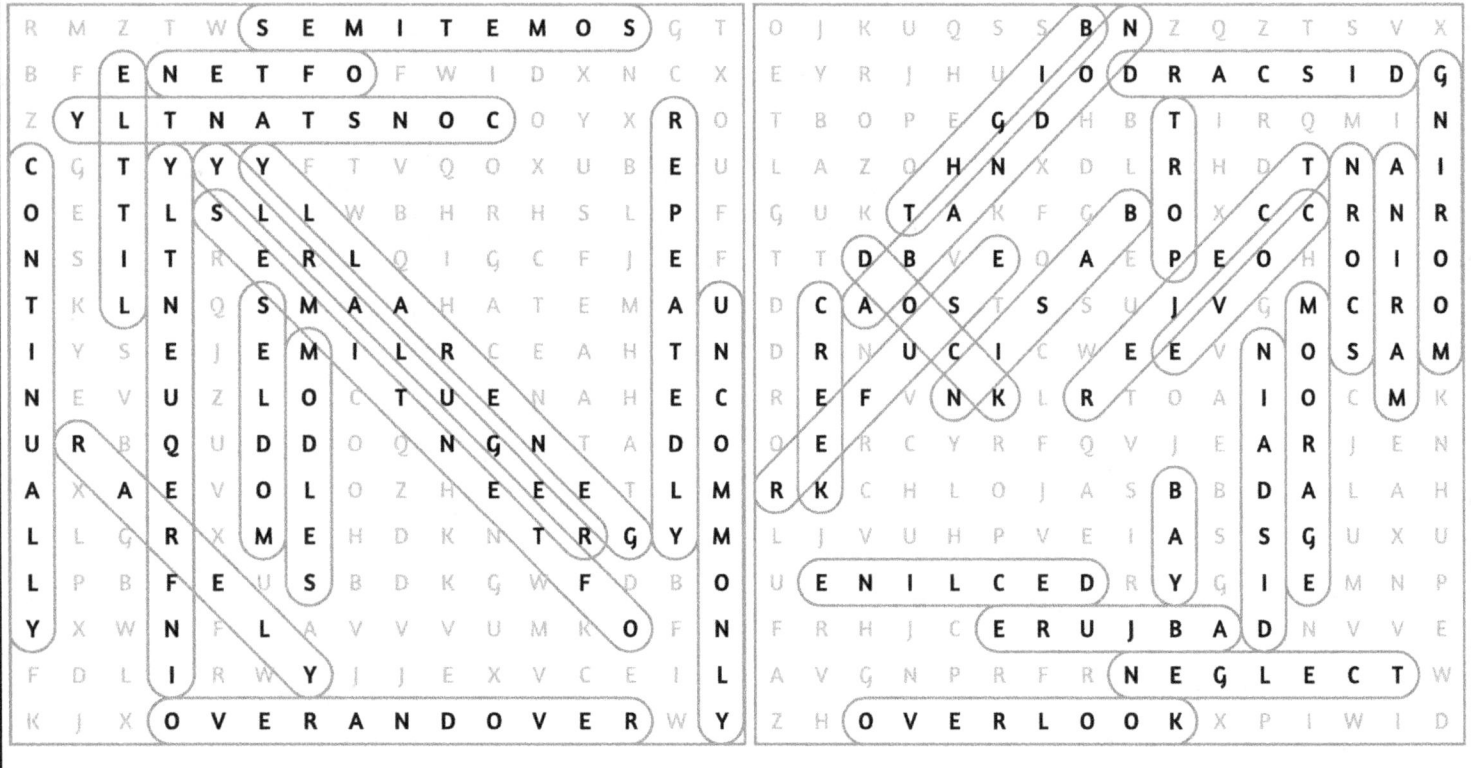

Height - Solution

Heist - Solution

Heir - Solution

Hindrance - Solution

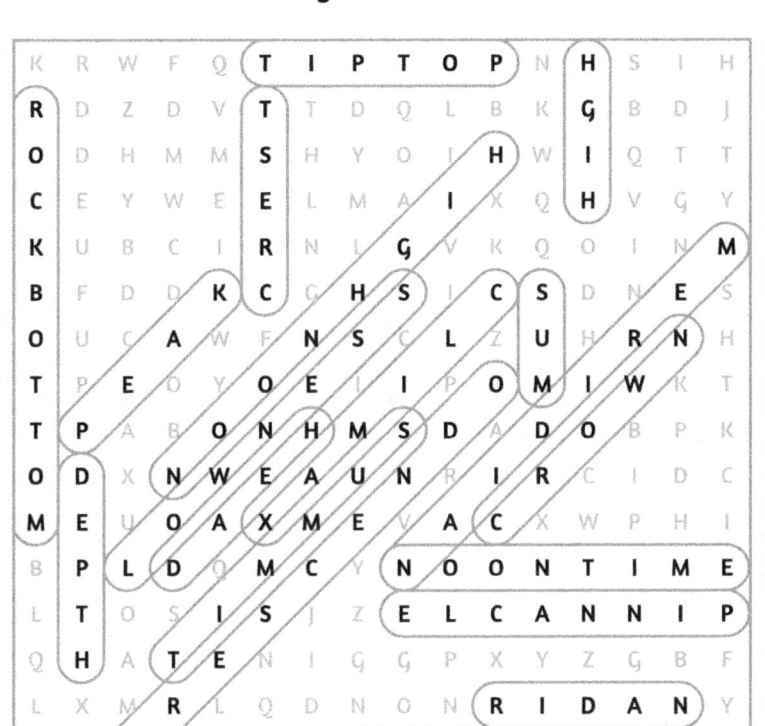
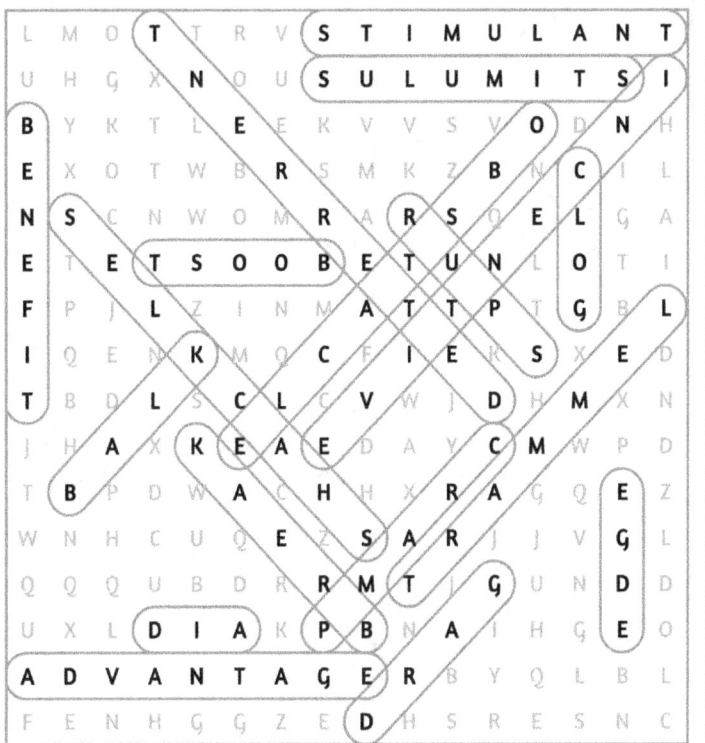

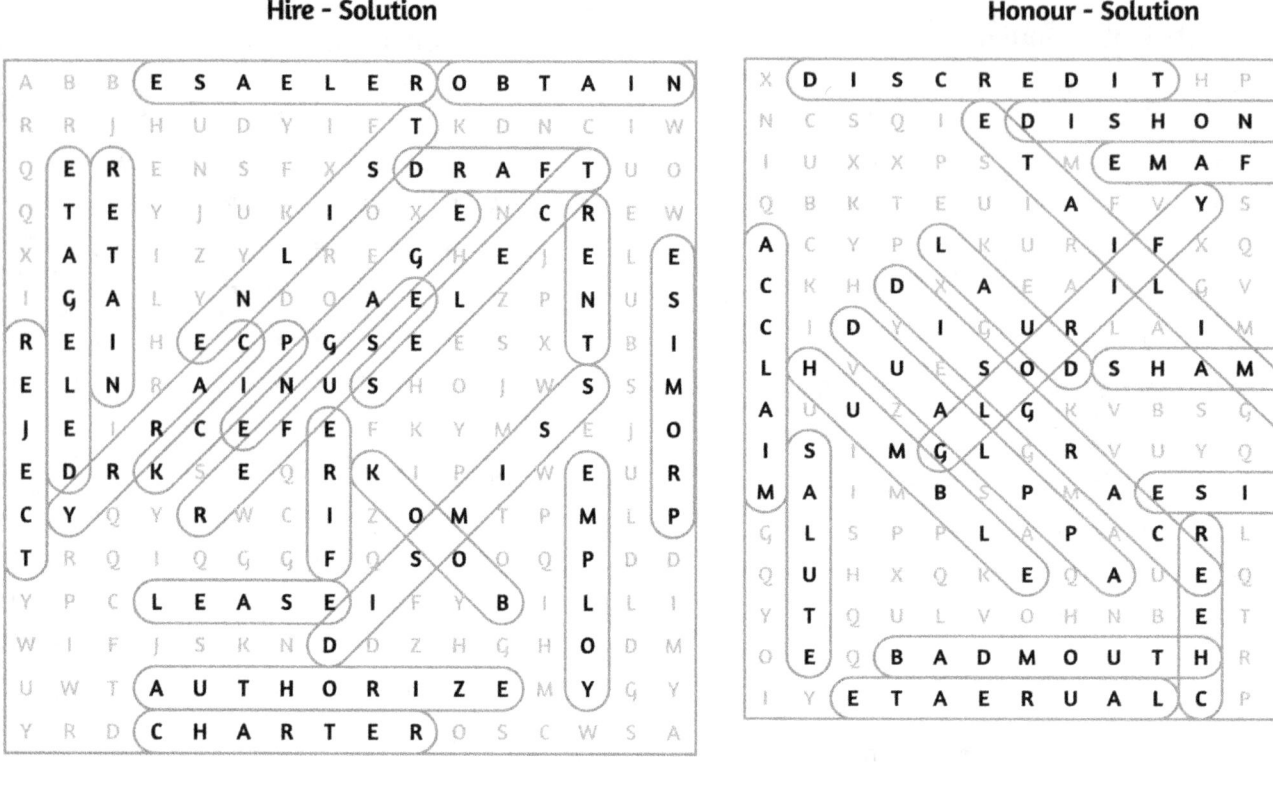
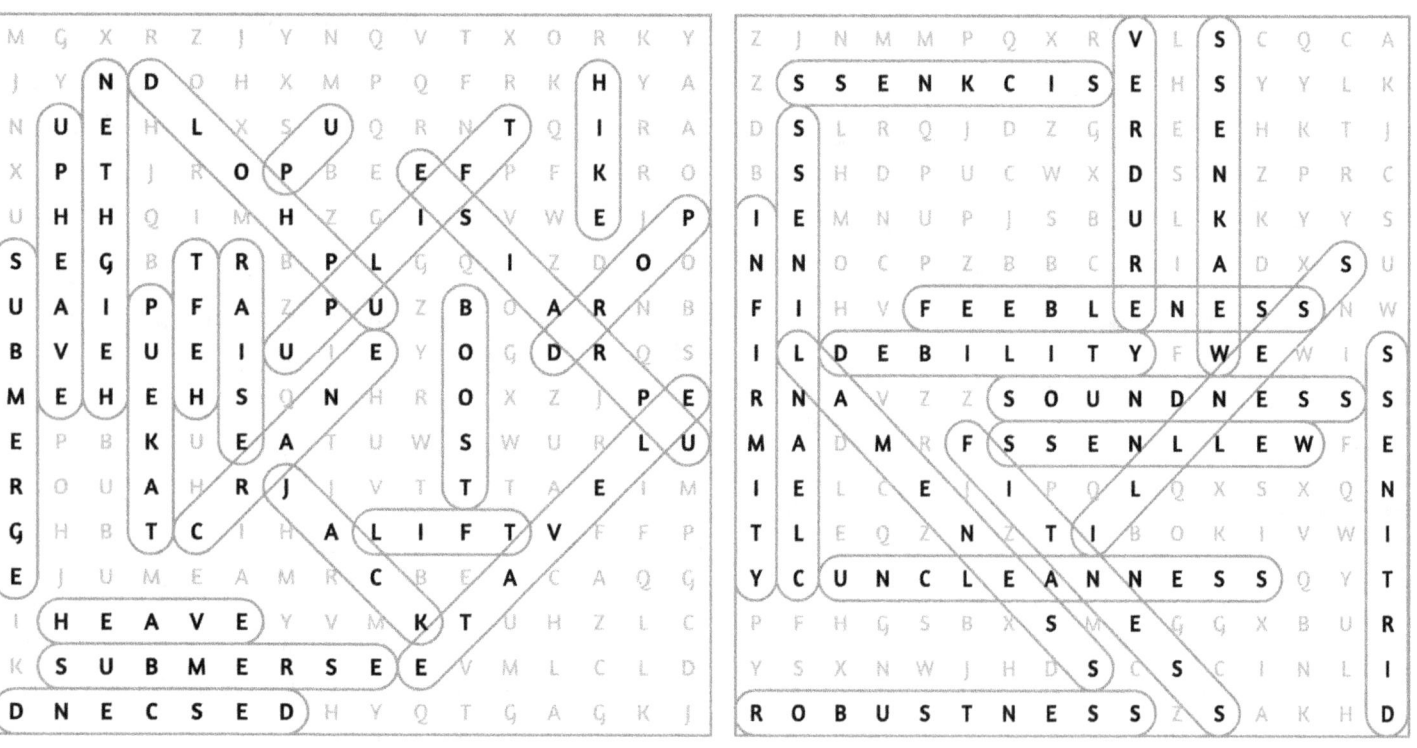

Identity - Solution

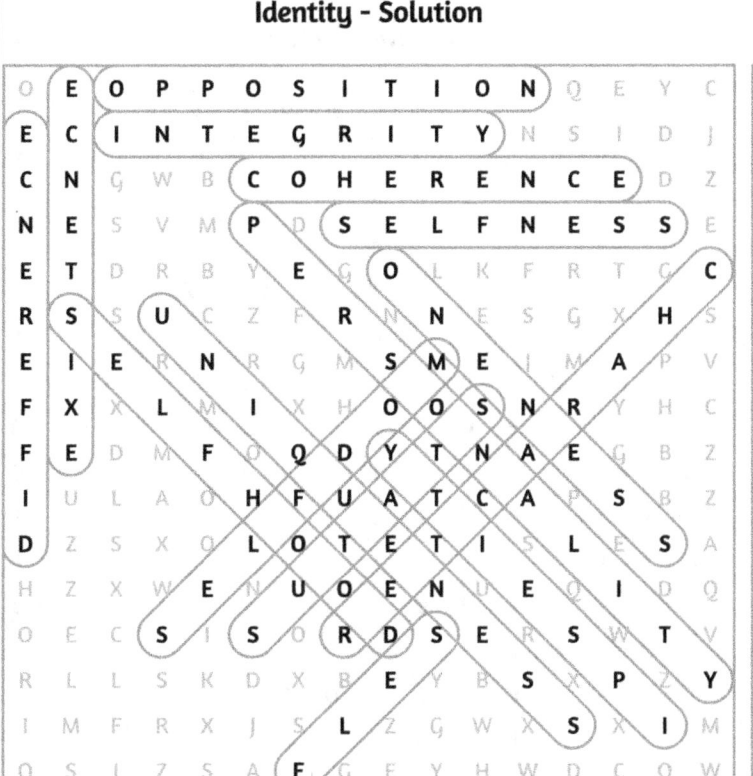

Impatient - Solution

Impatience - Solution

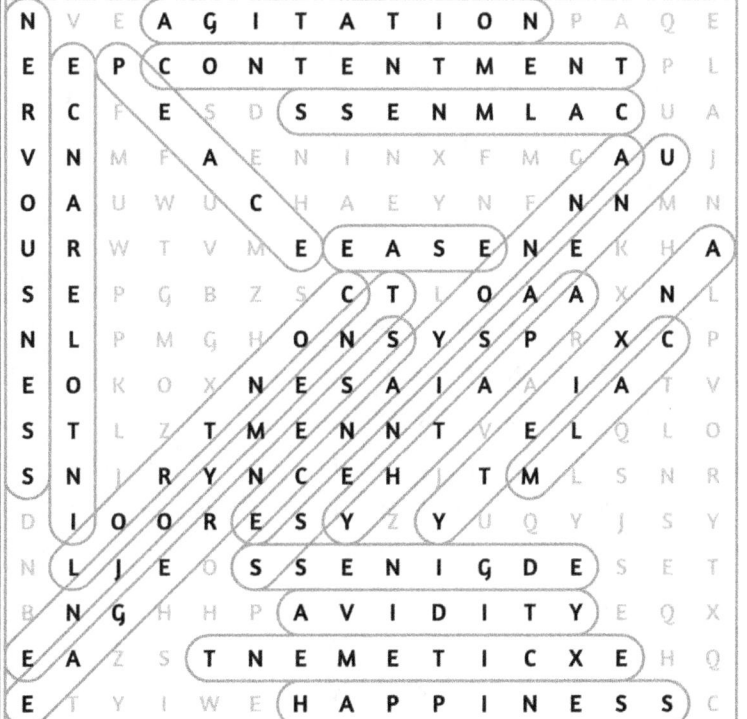

Impiety - Solution

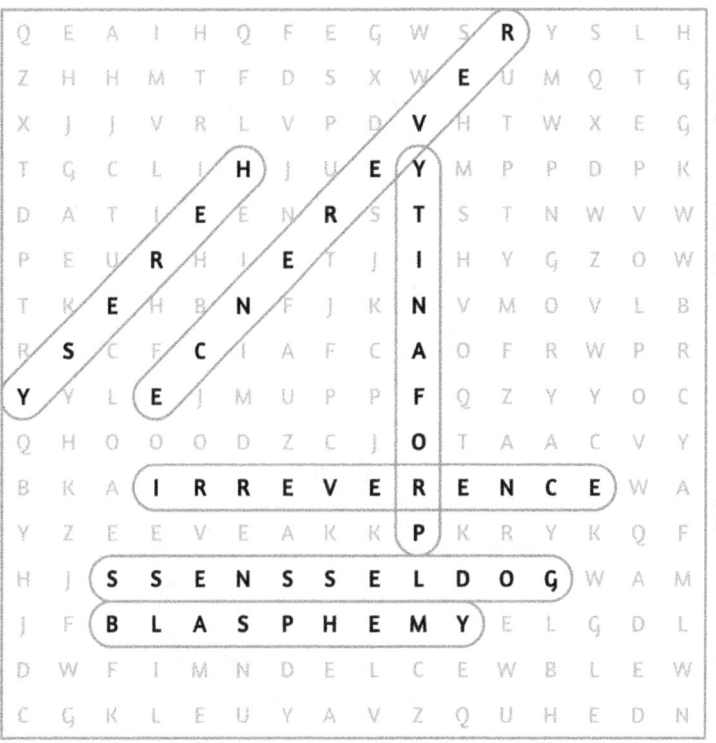

Implied - Solution

Interrupt - Solution

Individual - Solution

Interfere - Solution

Laser - Solution

Ledge - Solution

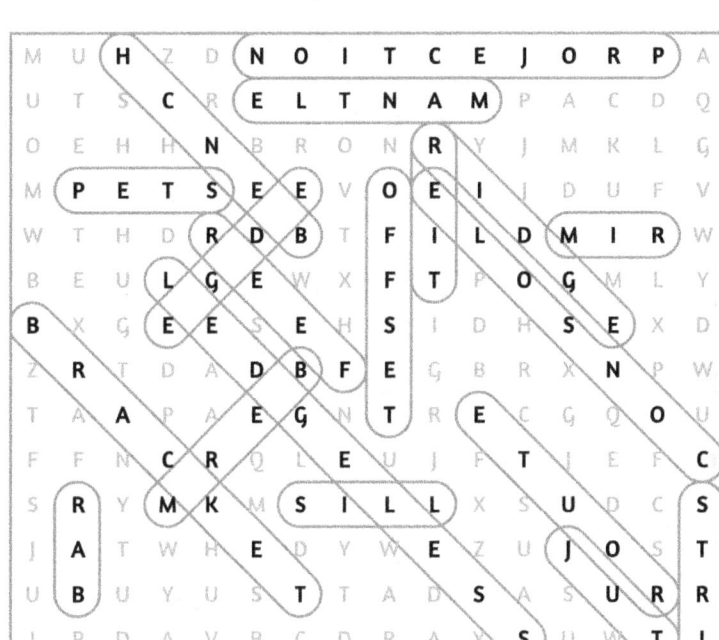

Lead - Solution

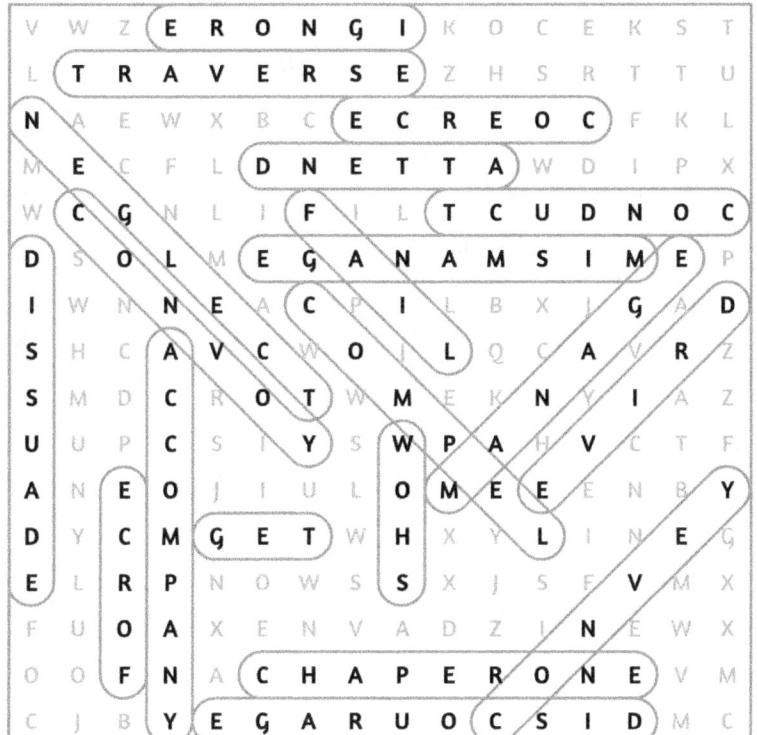

leisure - Solution

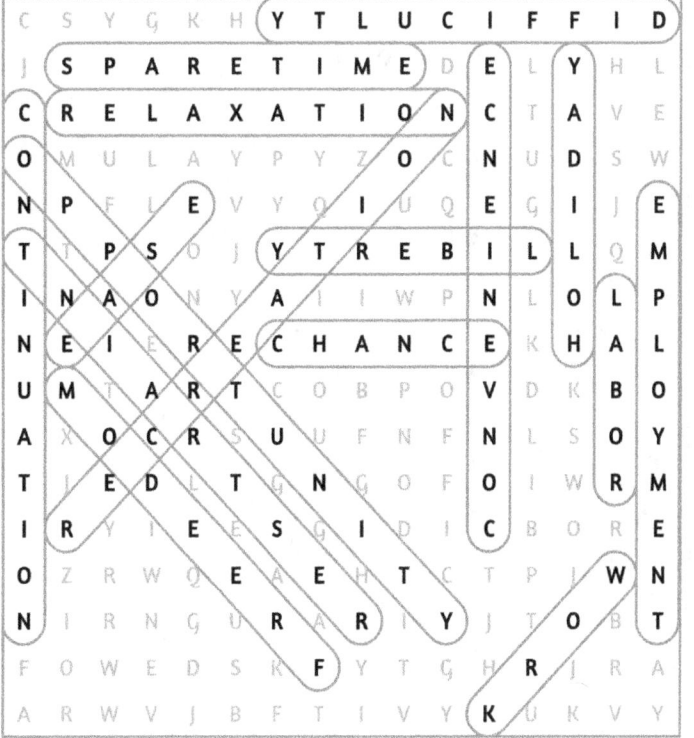

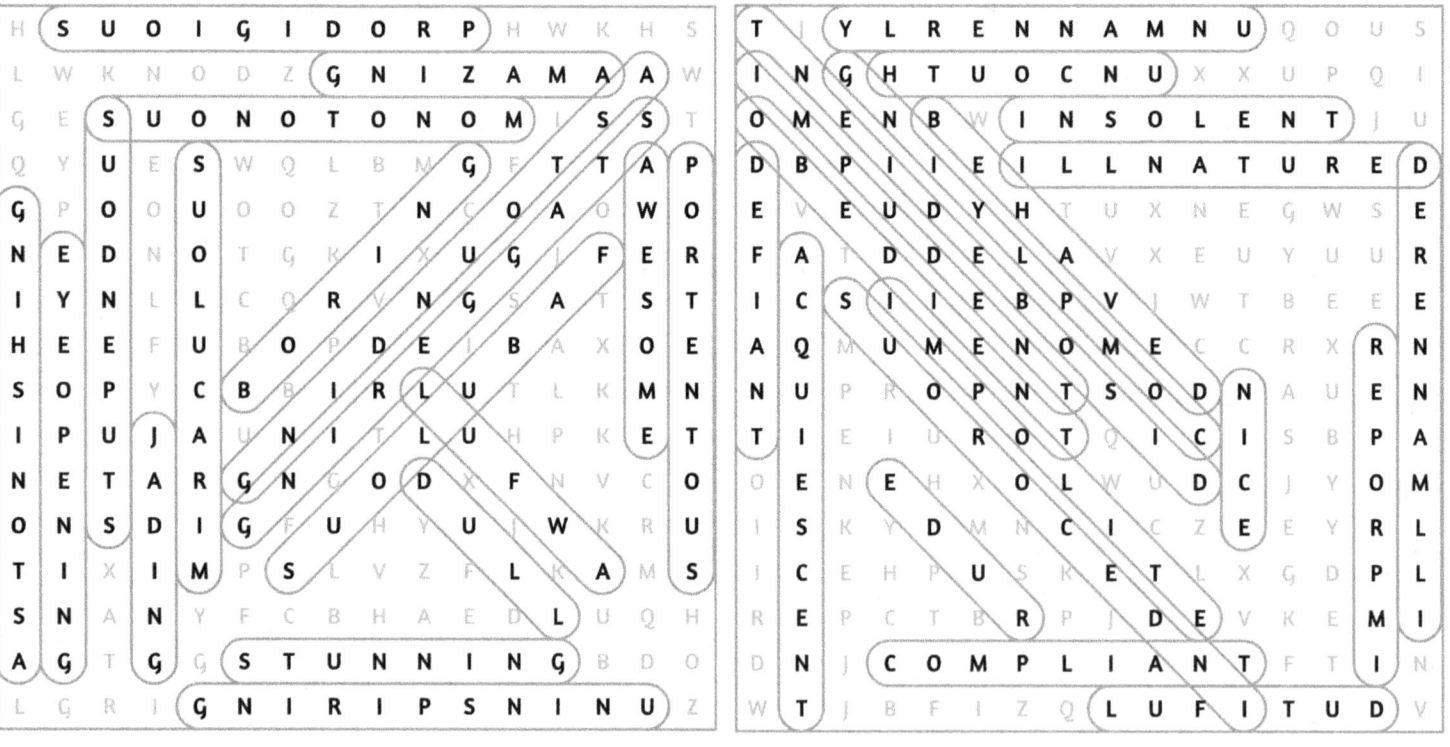

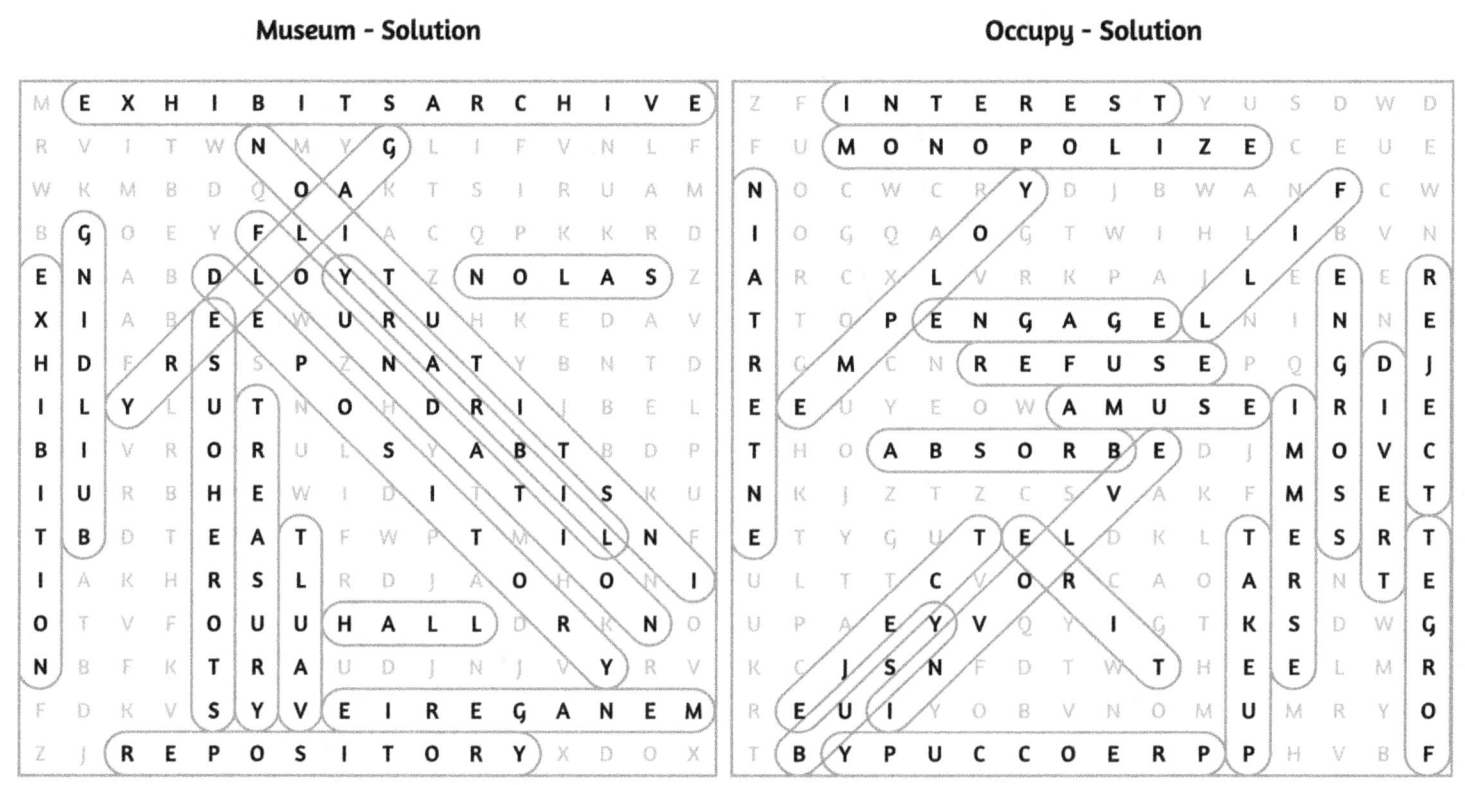
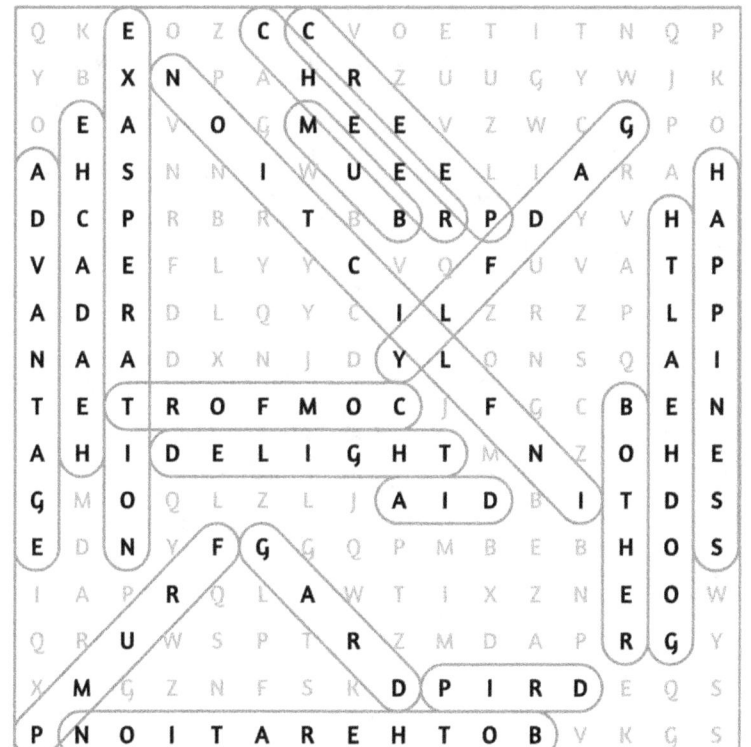

Perception - Solution

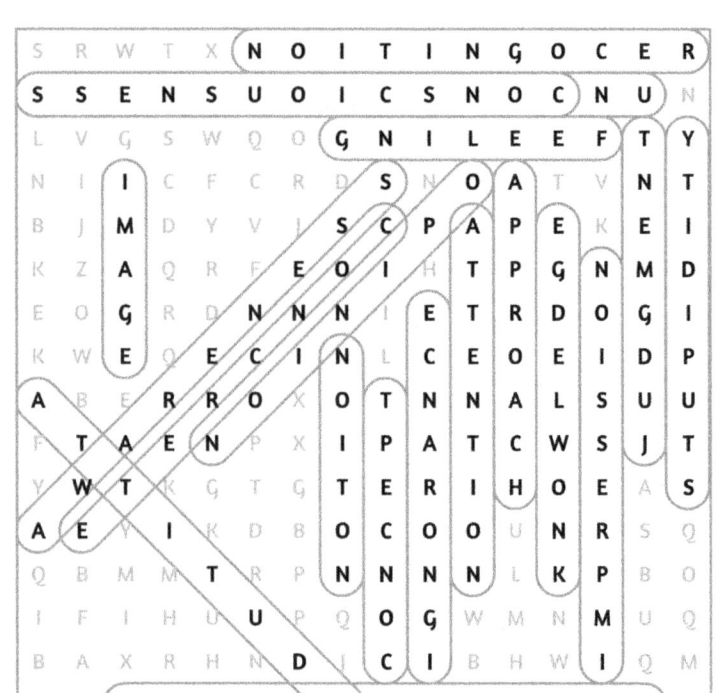

Persuade - Solution

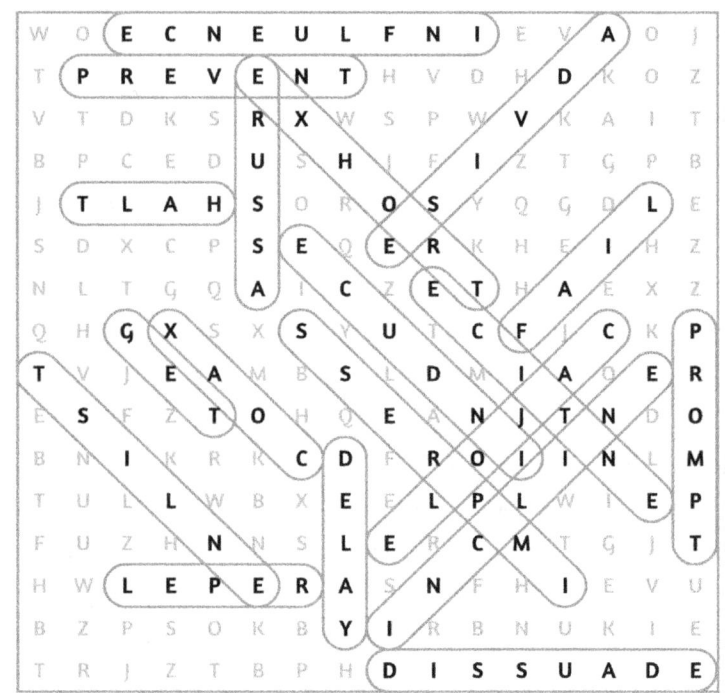

Perseverance - Solution

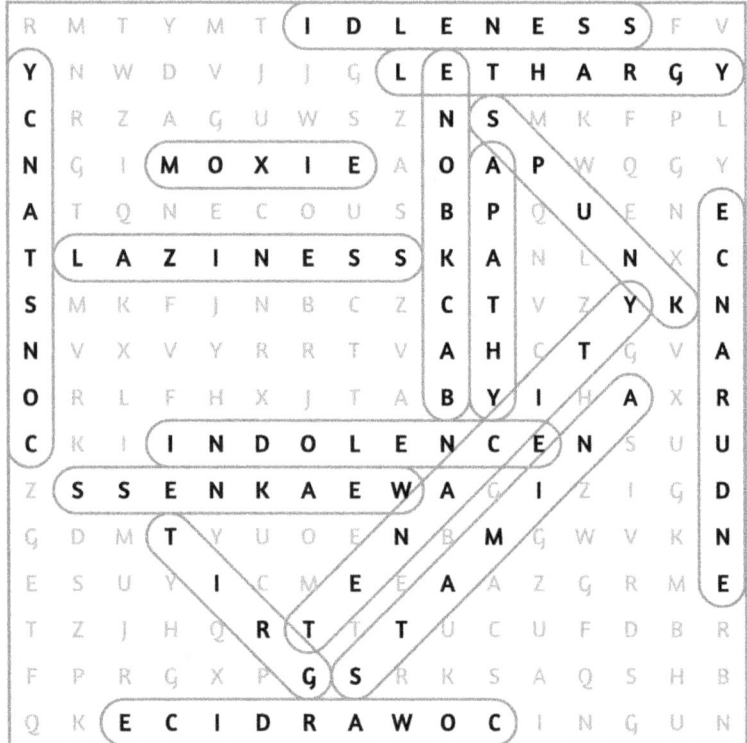

Pledge - Solution

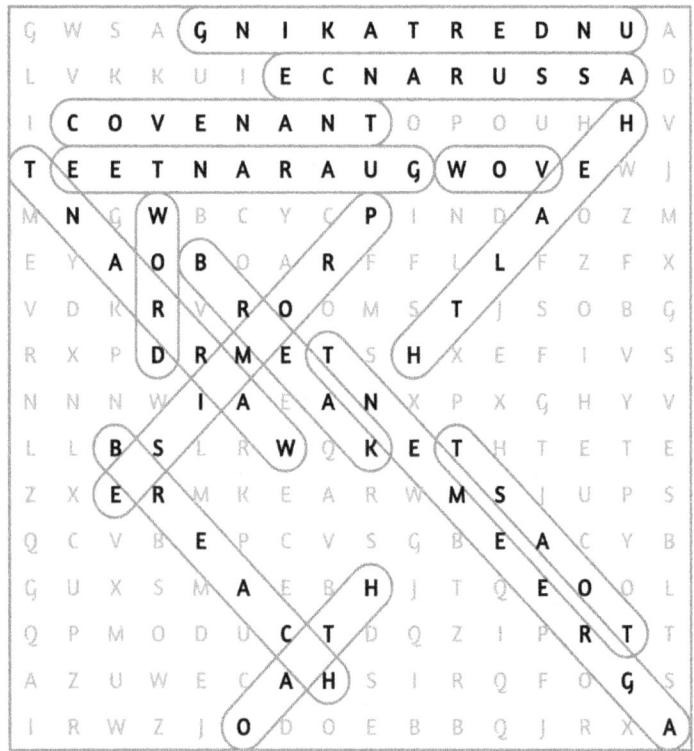

Plunge - Solution

U	O	Z	I	N	V	E	S	T	M	E	N	T	E	A	B
Y	K	S	O	V	R	C	X	P	L	O	Z	J	V	H	N
D	H	C	W	M	T	E	R	U	T	N	E	V	I	E	C
U	N	T	N	E	C	S	E	D	Q	K	G	J	D	P	R
I	D	O	O	A	Z	U	A	E	E	J	X	G	H	O	S
N	K	Z	I	N	O	S	E	D	I	V	E	U	G	L	D
C	R	D	S	S	F	P	O	O	W	S	E	C	I	F	P
R	C	K	P	O	R	T	K	O	Q	E	N	V	H	Y	M
E	X	N	V	D	U	E	A	C	R	L	L	A	F	L	U
A	R	M	U	F	D	S	M	P	U	T	W	L	H	L	J
S	Q	N	G	T	C	Y	S	M	P	D	F	W	H	E	P
E	K	E	J	E	J	R	X	L	I	O	Q	E	C	B	P
L	T	D	N	G	V	Q	I	W	L	H	P	V	C	B	M
Z	F	T	C	Q	S	S	H	S	K	U	N	I	F	W	Y
V	T	L	R	Q	H	O	G	Q	E	G	P	D	A	S	V
T	N	O	I	S	R	E	M	B	U	S	N	A	C	I	G

Privilege - Solution

C	F	Q	I	M	M	U	N	I	T	Y	S	O	D	U	B
U	E	M	E	V	I	T	A	G	O	R	E	R	P	Q	K
Z	N	O	I	S	S	E	C	N	O	C	B	O	J	Y	A
O	M	D	G	E	T	Z	A	U	T	H	O	R	I	T	Y
P	A	E	S	L	Y	E	X	E	M	P	T	I	O	N	Q
P	L	E	I	T	K	E	C	N	A	R	D	N	I	H	L
O	L	R	Q	Z	B	E	N	E	F	I	T	S	J	I	S
R	O	F	F	K	D	I	P	B	A	H	N	L	I	I	V
T	W	M	H	G	V	T	J	A	Q	Y	X	O	Z	T	V
U	A	L	A	S	U	F	E	R	C	C	D	S	F	M	R
N	N	P	B	Q	P	B	N	E	G	I	F	S	U	G	N
I	C	N	B	H	E	H	X	H	R	I	D	B	W	N	P
T	E	L	I	C	E	N	S	E	S	D	F	N	A	Q	A
Y	O	H	Q	D	N	E	A	D	V	A	N	T	A	G	E
P	E	N	T	I	T	L	E	M	E	N	T	R	K	H	S
Q	T	M	I	S	F	O	R	T	U	N	E	V	M	W	C

Prejudice - Solution

E	N	I	M	R	E	D	N	U	R	I	A	P	M	I	M
Z	Y	D	Z	N	K	T	I	G	X	J	A	N	U	G	A
I	T	B	H	M	U	M	S	E	T	I	Q	E	T	E	H
S	D	R	B	O	Z	K	I	Q	G	B	F	W	V	L	L
S	R	R	X	H	E	E	A	H	T	N	A	L	S	S	E
L	D	X	A	W	T	S	M	E	P	N	U	I	T	Q	A
P	T	R	A	M	S	Q	K	R	P	O	Q	R	Z	D	V
V	M	U	D	I	U	W	E	R	R	S	A	M	R	I	E
I	O	P	S	Q	A	D	E	E	D	I	T	V	H	A	A
T	O	T	W	I	I	J	D	K	G	O	P	R	Q	B	L
I	K	I	C	S	U	N	T	H	W	P	H	S	C	Q	O
A	N	U	P	D	I	B	T	Y	O	G	Q	E	W	D	N
T	R	O	G	H	V	E	A	D	O	L	H	A	L	X	E
E	S	E	C	C	N	W	K	D	F	S	A	I	B	P	F
E	D	I	K	L	S	A	P	Z	L	O	P	F	F	V	E
T	E	Y	D	I	S	T	O	R	T	X	A	Z	O	Q	J

Recipe - Solution

L	U	F	A	Z	P	L	L	M	Z	U	O	D	E	M	E
M	T	N	L	N	D	V	F	T	A	G	O	Z	U	O	B
P	U	G	O	I	P	M	L	P	S	R	Z	K	X	D	R
C	T	P	Y	I	E	I	S	I	M	U	G	Y	G	U	C
I	Z	P	R	T	T	N	Z	E	Q	Z	V	O	X	S	S
N	P	A	H	O	E	P	K	C	H	U	I	H	R	O	T
S	N	O	K	X	C	T	I	E	V	G	N	B	U	P	N
T	D	D	M	O	U	E	C	R	X	G	T	W	L	E	E
R	M	U	R	J	U	E	D	D	C	Q	W	V	V	R	I
U	X	J	U	E	H	W	N	U	A	S	X	F	W	A	D
C	Z	X	O	M	L	U	Y	G	R	O	E	G	Q	N	E
T	O	Z	G	Y	O	T	V	F	B	E	Z	R	K	D	R
I	P	A	Z	P	O	P	R	O	C	E	S	S	P	I	G
O	G	Q	M	T	N	E	I	D	E	R	G	N	I	X	N
N	B	O	Q	P	W	T	E	C	H	N	I	Q	U	E	I
S	C	O	M	K	B	C	L	Y	X	G	U	T	L	T	S

Recite - Solution

Recognize - Solution

Recommend - Solution

Reduce - Solution

Refuge - Solution

Rhyme - Solution

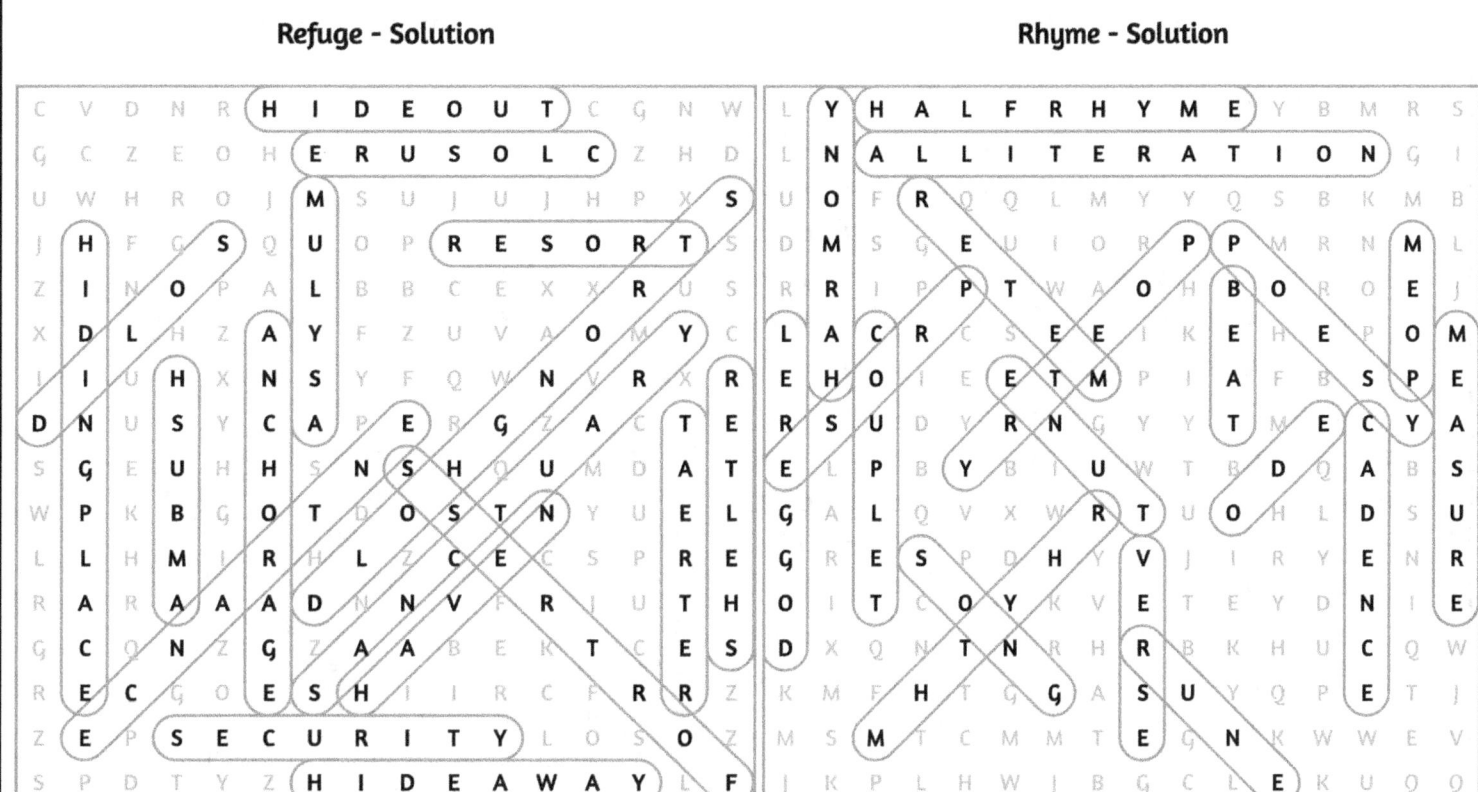

Rhythm - Solution

Sufficient - Solution

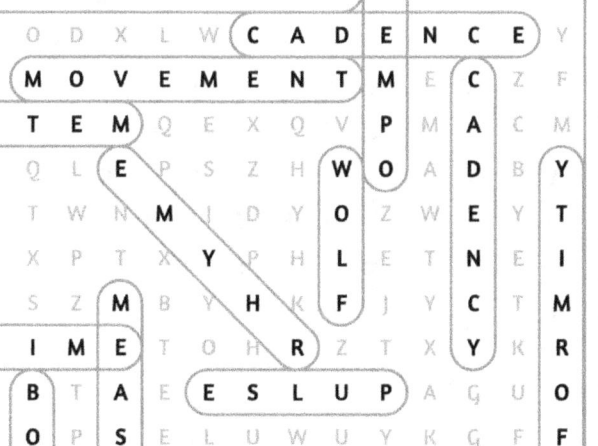

Sacrifice - Solution

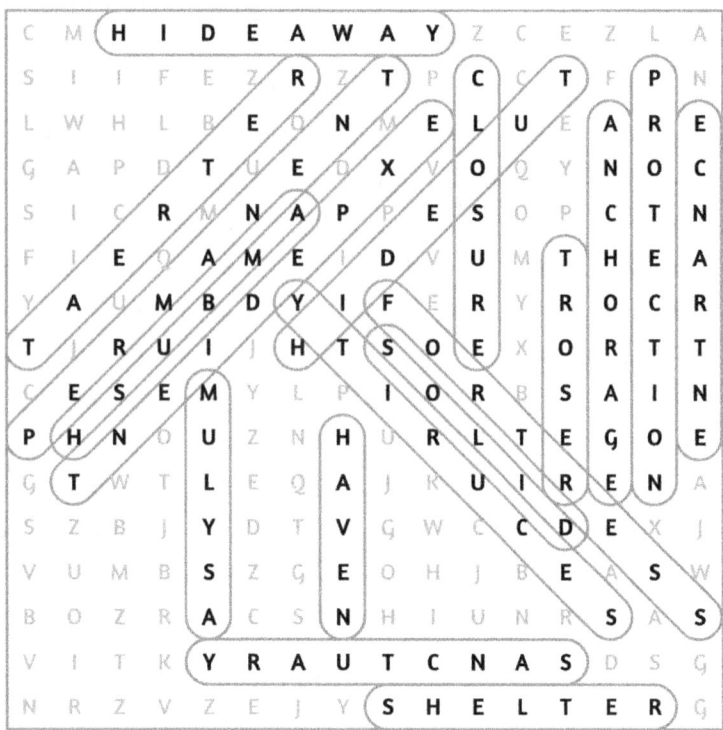

Species - Solution

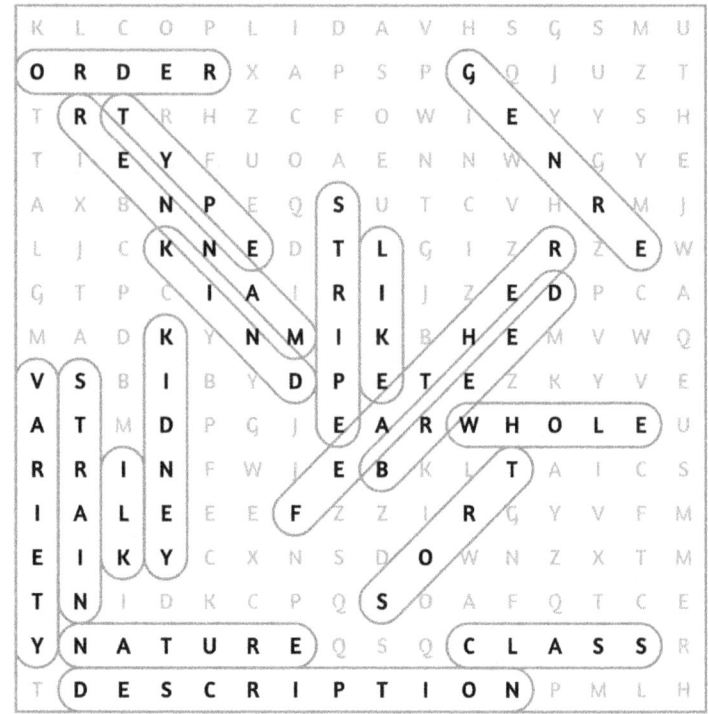

Sincere - Solution

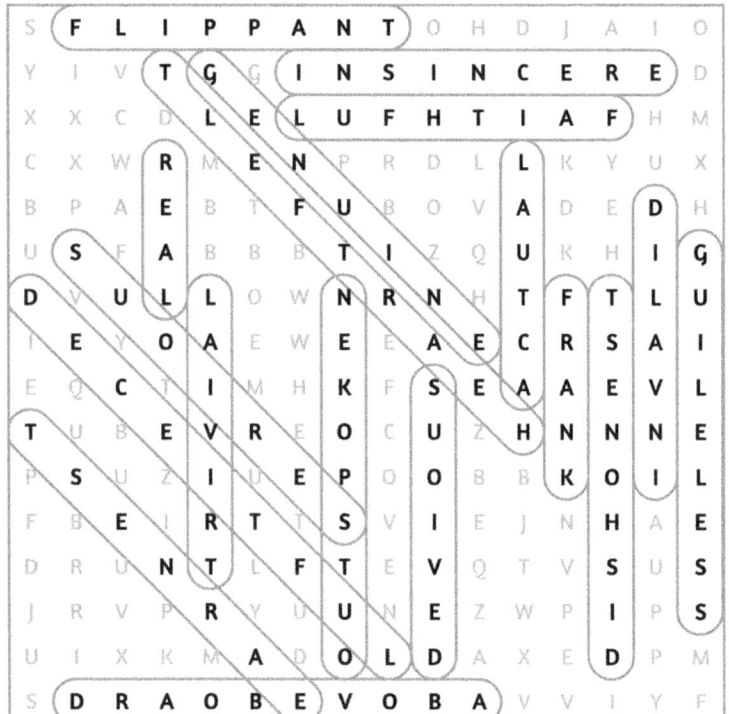

Spice - Solution

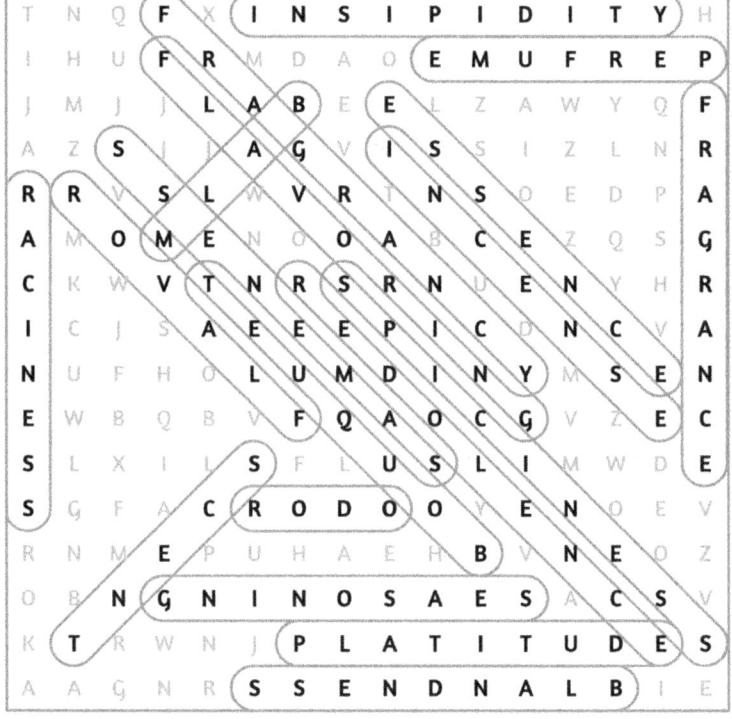

System - Solution

Symptoms - Solution

Through - Solution

Throw - Solution

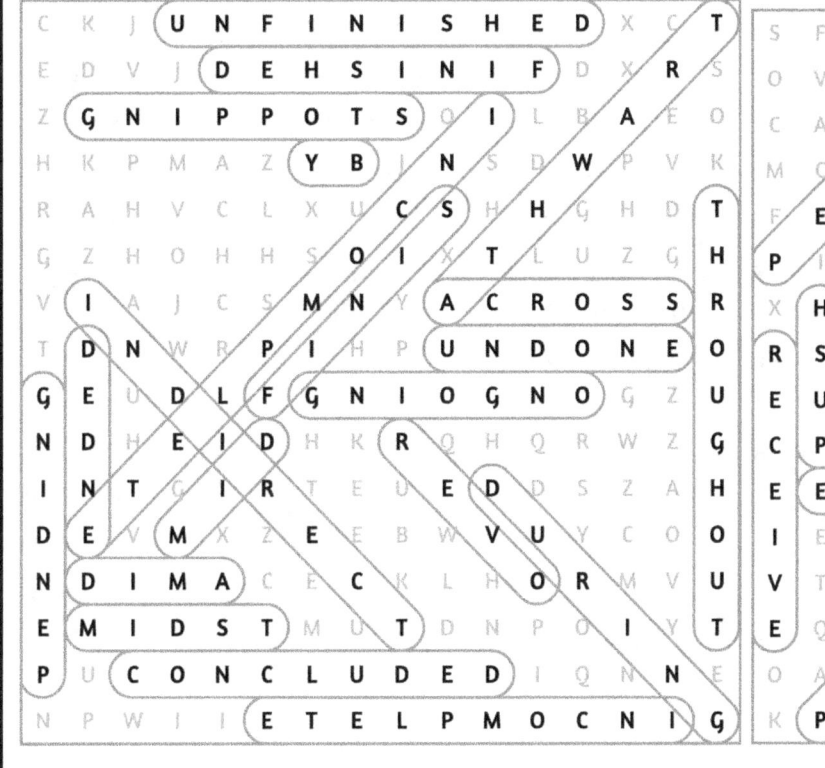
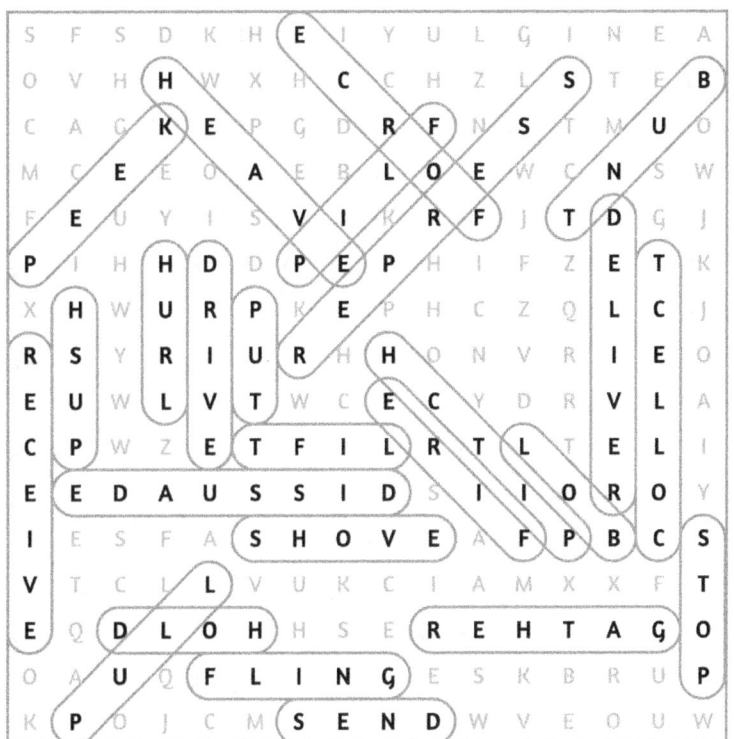

Variety - Solution

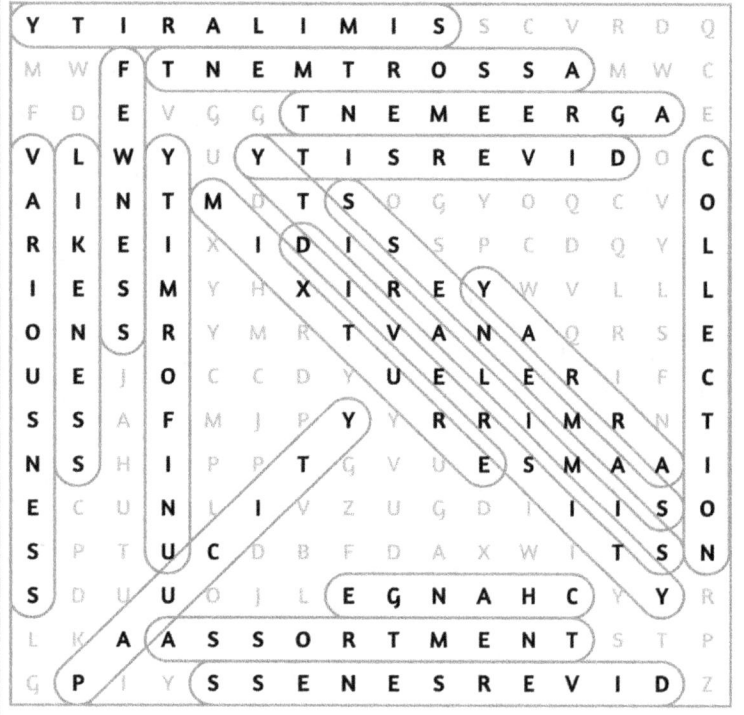

Vehicle - Solution

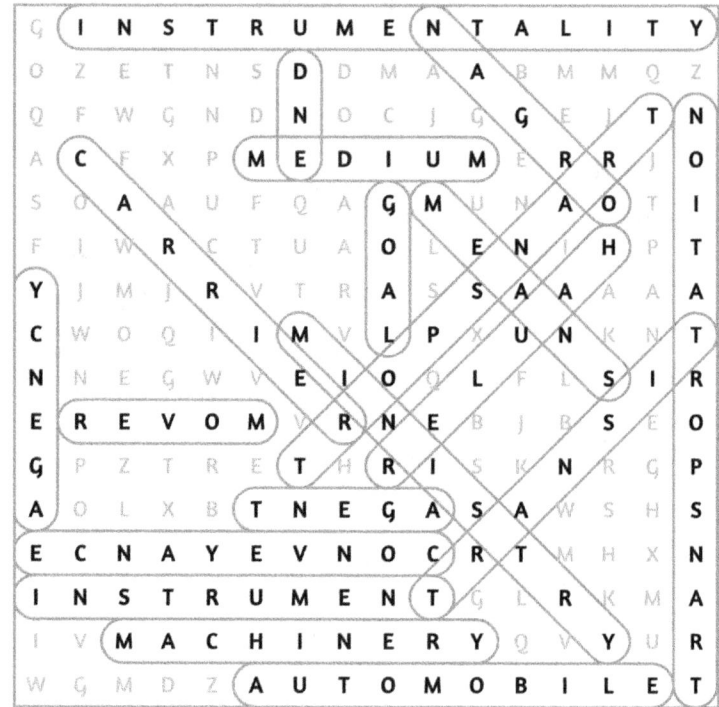

Weird - Solution

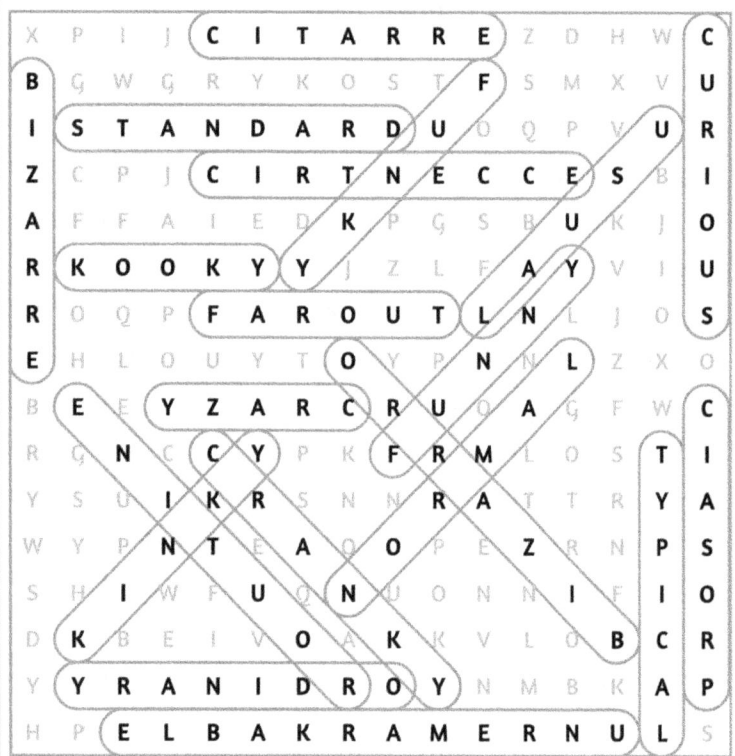

Wired - Solution

For more and further Publication Visit

www.ingramcontent.com/pod-product-compliance
Lightning Source LLC
Chambersburg PA
CBHW081352080526

44588CB00016B/2472